本书出版得到北京印刷学院校级重点项目“基于期刊数据库的数字化阅读研究”（编号：E-a-2012-07）的资助

基于期刊数据库的数字化阅读研究

包韫慧 著

知识产权出版社
全国百佳图书出版单位

图书在版编目（CIP）数据

基于期刊数据库的数字化阅读研究 / 包韫慧著．—北京：知识产权出版社，2019.5
ISBN 978-7-5130-6292-3

Ⅰ．①基…　Ⅱ．①包…　Ⅲ．①期刊—情报检索—数字化—研究　Ⅳ．① G254.97

中国版本图书馆 CIP 数据核字（2019）第 102826 号

内容提要

本书研究期刊数字化阅读的现状及特征，主要包括专业类期刊数据库和大众类期刊数据库的内容，并针对数据所对应的人群进行问卷调查，总结归纳期刊数据库数字化阅读的特点，提出期刊数据库与传统期刊对接的建议。

责任编辑：于晓菲　李　娟　　　　**责任印制：**孙婷婷

基于期刊数据库的数字化阅读研究
JIYU QIKAN SHUJUKU DE SHUZIHUA YUEDU YANJIU
包韫慧　著

出版发行：知识产权出版社有限责任公司	网　　址：http：//www. ipph. cn
电　　话：010–82004826	http：//www. laichushu. com
社　　址：北京市海淀区气象路 50 号院	邮　　编：100081
责编电话：010–82000860 转 8363	责编邮箱：laichushu@cnipr. com
发行电话：010–82000860 转 8101	发行传真：010–82000893
印　　刷：北京建宏印刷有限公司	经　　销：各大网上书店、新华书店及相关专业书店
开　　本：787mm × 1000mm　1/16	印　　张：9.5
版　　次：2019 年 9 月第 1 版	印　　次：2019 年 9 月第 1 次印刷
字　　数：114 千字	定　　价：68.00 元

ISBN 978-7-5130-6292-3

前　言

出版业的每一次变革都离不开技术因素，在当前数字出版技术的引领下，出版业已经步入数字出版时代，随着内容提供方式、阅读终端等的变化，读者的阅读习惯及阅读特点也随之发生了改变。

中国新闻出版研究院发布的第十五次全国国民阅读调查结果显示，2017 年我国成年国民各媒介综合阅读率保持增长势头，数字化阅读方式的接触率和纸质图书阅读率均有所增长。2017 年我国成年国民包括书报刊和数字出版物在内的各种媒介的综合阅读率为 80.3%，数字化阅读方式（网络在线阅读、手机阅读、电子阅读器阅读、Pad 阅读等）的接触率为 73.0%。数字化阅读的发展，提升了国民综合阅读率和数字化阅读方式接触率，整体阅读人群持续增加，但也带来了图书阅读率增长放缓的新趋势。超过半数成年国民倾向于数字化阅读方式，其中 49 周岁以下中青年群体是数字化阅读行为的主要人群，占 84.9%。对我国国民倾向阅读形式的研究发现，45.1% 的成年国民更倾向于拿一本纸质图书阅读，12.2% 的国民倾向于网络在线阅读，35.1% 的国民倾向于手机阅读，6.2% 的国民倾向于在电子阅读器上阅读，1.4% 的国民习惯从网上下载并打印下来阅读。从人们对不同媒介接触时长来看，成年国民人均每天手机接触时间最长，为 80.43 分钟。在纸质媒介中，我国成年国民人均每天读书时间最长，为 20.38 分钟，人均每天读报时长为 12.00 分钟，阅读期刊时长最短为 6.88 分钟。[1] 我国国民的阅读方式、阅读习惯都正在发生革命性的改变。

在期刊出版领域，以期刊数据库形式呈现的网络传播方式是传统期刊数字化出版的开端。期刊数据库以数字出版技术作为支撑，对原有期刊内容进行整合，不仅提供内容还提供相应的增值服务，其传播方式与纸质期刊差别较大，其身份也由刊社变成了数字内容提供商。

在现有的期刊数据库中，以专业期刊为主的莫过于清华同方开发的中国知网，而以大众类期刊为主的莫过于龙源期刊网，二者分别是专业类和大众类期刊数据库的典型代表。

本书通过前期研究综述发现，对于期刊数据库的研究主要集中在图书情报领域与新闻出版领域的开发与应用，各类期刊数据库的介绍、比较和评价，期刊数据库的用户行为分析以及期刊数据库商业性和公益性运营模式探析等方面。而以期刊数据库的访问数据为研究基础的数字化阅读研究除了龙源期刊网发布的 TOP100 数据之外并不多见。

由于期刊数据库的阅读方式同纸质期刊的阅读方式完全不同，数据库的阅读以篇为单位，已经远离整刊的概念。并且，数据库的后台能够监测到阅读时段、阅读（下载）篇目、阅读地域等传统刊社无法掌握的一手数据，通过对这些数据的分析和研究，能够反映数字化阅读的详细状况。

[1] 中国图书馆学会高等学校图书馆分会 . 第十五次全国国民阅读调查数据发布 [EB/OL].（2018-09-04）[2019-01-01]. http：//www.sal.edu.cn/view/new.aspx?id=12218.

在数字出版和数字化阅读成为发展必然的背景之下，本书以期刊数据库的两大典型代表——中国知网和龙源电子期刊阅览室的后台阅读数据为依据，着重研究期刊数字化阅读的现状及特征，主要包括专业类期刊数据库和大众类期刊数据库的如下内容：（1）数字化阅读中的期刊分布情况。（2）数字化阅读中的文章分布特点。（3）数字化阅读中的读者阅读特点（包括阅读时段、阅读偏好等方面）；并针对数据所对应的人群进行问卷调查，总结归纳期刊数据库数字化阅读的特点，提出期刊数据库与传统期刊对接的建议。

鉴于后台数据的获得有一定难度，且有些数据不连贯、数据统计方式的变化等因素，本书尽量客观地反映现状和问题。

目　录

第1章　绪　论

信息传播技术的发展不仅推动着传统出版业的变革，同时也带动了数字出版产业的兴起和快速发展。图书、报纸、期刊等内容生产方式和传播方式发生了改变，数字出版企业运用数字出版技术对内容资源进行数字化加工后，用先进的数字版权保护技术，通过互联网、无线网以及存储设备等渠道进行传播。同时，新的传播方式的出现和出版观念的转变也改变了人们的阅读方式。通过移动终端设备，人们能在公交上、地铁里充分利用碎片化的时间随时进行阅读，适应城市快节奏的生活。

期刊作为重要的传播载体，在传播知识、传承文明，提高公民文化素养，推动社会进步等方面具有独特的、其他媒体不可替代的作用。随着网络的不断普及和期刊数字化大潮的不断推进，期刊网络阅读连年保持增长态势。网络阅读已经慢慢地渗入到人们的日常生活当中，成为读者进行阅读、获取知识的一个重要途径。

1.1 研究背景

1.1.1 我国专业类期刊数字化阅读现状

专业出版占据着我国出版产业重要的位置，对促进我国科技文化的发展和国家文化软实力的提升有着重要意义。在我国，掌握大量优质专业内容资源的主要是一些专业出版社。由于专业出版物具有某些行业特性，且很多内容的销售渠道掌握在技术公司手中，所以在进入数字出版领域时其产品市场相对大众阅读来说受众面较窄。

1. 平台现状

目前，我国专业类数字出版平台主要是指由专业出版机构搭建或由技术服务商搭建的以提供专业出版、学术出版领域的数字内容产品和服务的平台。其平台搭建主要有以下四种模式。

（1）电子书平台

电子书平台是整个数字出版行业启动较早的一类平台，是我国很多出版社从事数字出版业务的突破口。对于专业出版，电子书业务也是一种比较合理的数字出版经营模式，例如人民军医出版社较早就开始了这方面的实践并取得了一定的成果。

（2）数据库平台

我国数据库出版的实践活动开展得也比较早，是专业出版和数字出版结合的最早也是最成熟的一种模式。我国有很多专业的数据库，例如中国知网、万方数据、维普资讯等学术期刊文献数据库。

（3）数字图书馆

对于大众而言，数字图书馆没有电子书那样常见，也没有数据库那么熟悉，但它是目前数字内容市场上盈利模式较为稳定、投资回报较高的行业。例如国外的爱思唯尔出版集团、施普林格出版集团，国内的超星数字图书馆、方正数字图书馆等。

（4）在线服务平台

很多专业出版社依托自身的专业内容资源以及品牌优势，打造了属于自身的网络服务平台。例如人民邮电出版社利用在工业和信息化领域的资源优势，开发了一系列可供通信领域目标受众进行在线学习的网络课程。

我国数字出版领域的专业出版发展得比较早，专业类数字出版内容平台的发展以数据库出版为主要模式，行业集中度高。目前市场上主要的学术期刊数据库平台主要有中国知网、万方数据、维普资讯等，这些数据库平台的适用对象主要集中在机构用户。

2. 中国知网概况

中国知网是中国知识基础设施工程（China National Knowledge Infrastructure，CNKI），它由中国学术期刊（光盘版）电子杂志社、清华同方知网（北京）技术有限公司主办，始建于1999年6月，是基于《中国知识资源总库》的全球最大的中文知识门户网站，是国内最大型的数字出版网络平台和最完整的中国知识信息门户网站，是国家新闻出版总署首批批准设立的互联网出版机构之一。

中国知网利用自己强大的技术优势，凭借其强大的内容资源整合能力，搭建CNKI数字出版平台，实现了数字内容的开发利用和增值。中国知网积极致力于知识元搜索技术等数字出版技术的开发和利用，展现了强大的创新能力，是典型的数字内容集成商。

中国知识资源总库是CNKI工程的核心资源建设项目，囊括了中国90%以上的知识信息资源，是目前资源类型完整、内容全面的国家知识资源保障体系，完整收录中国期刊、博硕士论文、报纸、会议论文、年鉴、工具书、百科全书、专利、标准、科技成果及法律法规等各种资源，与Springer、Taylor & Francis和Wiley等重大国际出版物整合，形成中外文知识网络服务系统，为读者提供了多种检索途径。

中国知网包含的数字出版物有《中国学术期刊网络出版总库》《中国博士学位论文全文数据库》《中国优秀硕士学位论文全文数据库》《中国重要会议论文全文数据库》《中国专利全文数据库》等。《中国学术期刊网络出版总库》是世界上最大的连续动态更新的中国学术期刊全文数据库，是“十一五”国家重大网络出版工程的子项目，是《国家“十一五”时期文化发展规划纲要》中国家“知识资源数据库”出版工程的重要组成部分。《中国学术期刊网络出版总库》出版内容以学术、技术、政策指导、高等科普及教育类期刊为主，内容覆盖自然科学、工程技术、农业、哲学、医学、人文社会科学等各个领域。截至 2017 年，收录国内学术期刊 8527 种，全文文献总量 5418 万篇。

中国知网既面向个人用户也面向机构用户。个人用户群是所有需要学习和需要资讯的人，主要包括大中专在校学生、大中小学教师、各级党政机关领导和公务员、医疗工作者、科研工作者、中高层管理者等，读者主要是 20~55 岁本科以上的知识分子，特征是高学历、年富力强、高收入、高社会需求和高购买力。机构用户主要包括高校、高职院校、科研院所、公共图书馆、党政机关、企业、医院系统、军队院校和航天科研单位。海外 1300 余家机构用户分布在 43 个国家和地区，大陆 2 万余家机构用户覆盖各行各业，已超过 5000 万人。

1.1.2　我国大众类期刊数字化阅读现状

从古至今，阅读未曾改变过，改变的只是阅读对象的载体。正如美国塔夫茨大学研究阅读的权威专家玛丽安娜 · 沃尔夫所说 ：“我们并非只被阅读的内容影响，我们也被阅读的方式所影响。”几千年来，这个载体发生了很多变化，它可以是甲骨、简册、帛书、光、电甚至是磁介质。数字阅读方式的到来，预示着阅读革命的开始，它使阅读内容不再受限于阅读工具，阅读、保存、传播都更加方便。

现如今，期刊数字化阅读主要分为电脑阅读和手机阅读两种。根据中国互联网信息中心的统计，截至 2018 年 6 月底，中国网民规模达 8.02 亿，手机网民规模达 7.88 亿，互联网普及率达到 57.7%。

电脑作为一种客户端，不管是在影音娱乐还是在阅读方式上，都占有举足轻重的位置，可以说，每一位网民都会通过电脑这个客户端在网上阅读杂志、小说等。手机阅读用户已经成为一个庞大的群体，读者喜欢随时随地拿着手机阅读文学作品。

1. 研究现状

伴随着互联网的发展，我国期刊的数字化转型已经走过了十多年的路程。如今，数字化期刊网络传播已成为互联网上一道亮丽的风景线。

龙源期刊网自 1998 年运营以来，一直致力于期刊数字化阅读这项工作。以“聚刊社力量、建服务平台，让中国期刊走向世界、走向未来”为核心价值观，与 4000 多家期刊社授权合作，开展期刊的数字化发行，有力地推动了期刊数字化转型的步伐。可以说龙源期刊已经成为大众类期刊数字化阅读研究的案例。

目前，基于大众类期刊数字化阅读研究的文章，主要都是在龙源发布的年度网络传播数据分析报告白皮书的基础上进行分析的。自 2005 年开始，龙源会定期发布期刊网络传播 TOP100 数据，并向各个合作刊社提供年度网络传播数据分析报告，已经形成了互联网时代期刊调研的有效途径。基于龙源的数据分析主要是从龙源期刊网用户区域分布、龙源期刊网用户访问时间段（按星期）数据、龙源期刊网用户访问时间段（按小时）数据、关键词、海内外最活跃的 100 个人用户、季度阅读排行（海内外）等方面。通过对这些数据的分析，已有学者发现了期刊网络传播的特点并提出了自己的一些看法。

在研究过程中，我们也发现基于高校的阅读研究分析大多是阅读行为及其影响因素的分析，并提出了相应的改进对策。但是这些研究中并没有明确的数据作为支撑，基于访问龙源电子期刊阅览室的后台数据进行的分析还不多见。

本书进行高校大众类期刊数字化阅读的分析，可以反映出这一群体的阅读倾向和阅读动态，也从一个侧面折射出师生由阅读而体现出的价值观念和整体文化积淀程度。以北京印刷学院访问龙源电子期刊阅览室数据为例对大众类期刊数字阅读进行研究，有利于高校图书馆和学校相关部门了解师生阅读中表现出的审美趣味和阅读需求、阅读兴趣，以及课堂之外的学习情况，从而能够更切实际地和更具针对性地满足师生的阅读需求，开展阅读活动，加强阅读引导，推动人文教育，提升校园整体文化水平。

2. 龙源期刊网概况

龙源期刊网是由龙源国际集团建设的全文在线的综合性人文社科类期刊数据库，是以中国为基地、面向全球服务的数字化传媒聚合平台和营销平台。目前全文在线的综合性人文大众类期刊品种已达到4000余种、40万册、1300万篇，内容涵盖时政、党建、管理、财经、文学、艺术、哲学、历史、社会、科普、军事、教育、家庭、体育、休闲、健康、时尚、职场等领域。

龙源期刊网基于4000种期刊的数据库进行内容加工来提供知识产品，面向不同的阅读人群提供原貌版、文本版、语音版等多种版本。根据移动互联网时代的特点，推出了手机版和手持阅读器版，2010年全面推出了iPad、iPhone等手持终端的阅读服务。个人或机构用户可以通过电脑、手机或手持阅读器直接访问，不用下载任何浏览器，充分优化了读者的阅读体验。龙源期刊网倡导知识主体论思想，提倡付费阅读，主张知识的创造者成为最大受益者。于2009年与中国新闻出版研究院首创推行期刊的网络发行量概念。

1.2 研究综述

本书在中国知网旗下的《中国学术期刊（网络版）》以“期刊数据库”为主题词进行搜索，时间不限，共找到9889条结果（搜索时间：2018年12月24日）。经筛选共得到有关“期刊数据库”的期刊论文1463篇，通过对这些文献的述评，对期刊数据库的研究进行梳理，为后续研究奠定基础。

1.2.1 文献源分析

1. 时间分布

在某领域的发文量能够在一定程度上反映出该领域在不同时期学术发展的基本情况。从文献总量来看，期刊数据库研究的发文数量在时间轴上呈现起伏状分布：1982—1995年是期刊数据库研究的萌芽期，这14年共发文30篇，占比为2.1%，年均发表量为2.1篇；1996—2002年为发展期，这7年共发文249篇，占比为17.0%，年均发表量为35.6篇；2003—2011年为爆发期，这9年共发文

819 篇，占比为 56.0%，年均发表量为 91 篇；2012—2018 年为回落期，这 7 年共发文 365 篇，占比为 24.9%，年均发表量为 52 篇。如图 1.1 所示。

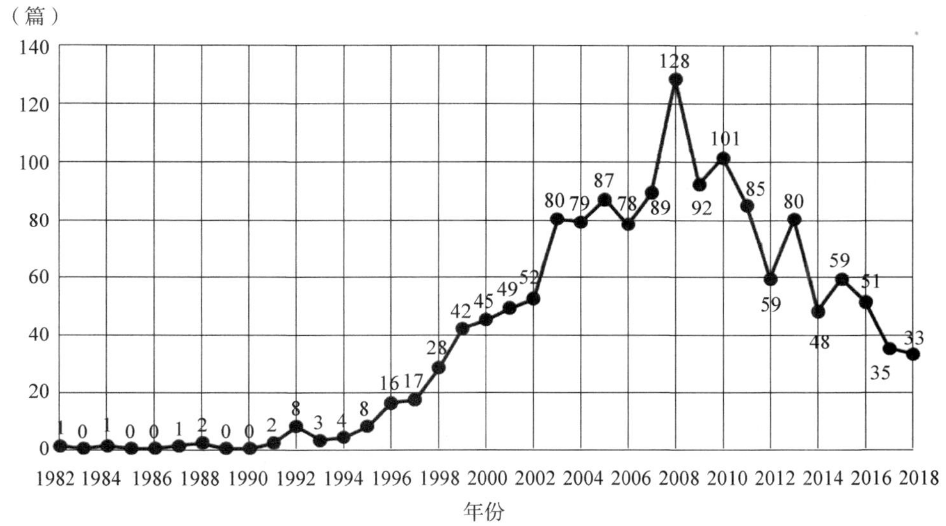

图 1.1　期刊数据库文献时间分布

我国有关“期刊数据库”研究的文献可追溯到 1982 年陆柏华编译的《美国情报学会会志》中的一篇文章，题目为《世界三大农业数据库比较分析》，其主要内容是比较当时世界最重要的三大农业数据库的基本情况、收录的期刊、索引期刊情况等。

1982 年开启了国内有关期刊数据库研究，此阶段有关期刊数据库的研究非常少。20 世纪 90 年代中期，伴随着“建设信息高速公路”的热潮及重庆维普、中国知网和万方数据三大期刊数据库建设的推进，国内关于期刊数据库的研究进入发展阶段。进入 21 世纪，随着互联网技术的不断普及以及综合性期刊数据库、医学等专业数据库和图书馆自建期刊数据库的建成，有关期刊数据库的发文量持续上升，于 2003 年进入爆发阶段。之后，期刊数据库的研究领域不断拓宽，图书情报与数字图书馆、出版、农业、档案及博物馆、医药卫生等领域均有所涉猎，2008 年迎来有关期刊数据库研究的高潮。此后，期刊数据库的发展达到成熟，进入相对缓慢的发展阶段，相关研究在广度和深度上都形成一定规模，有关期刊数据库的研究开始回落，并与大数据、智库等新技术相结合。

2. 文献来源类型

笔者根据中国知网出版来源检索系统的期刊分类，将 1463 篇文献的来源期刊分为八大专辑，即信息科技、社会科学、医药卫生科技、经济与管理科学、基础科学、工程科技、农业科技以及哲学与人文科学。又将八大专辑细分为 56 个专题。各专辑具体分类见表 1.1。

表 1.1　文献来源类型分类及发文量

序　号	专辑名称	总发文量（篇）	专题分类	发文量（篇）
1	信息科技类期刊	1021	图书情报与数字图书馆	836
			出版	134
			计算机软件及计算机应用	22
			新闻与传媒	14
			档案及博物馆	7
			电子信息科学综合	6
			互联网技术	1
			无线电电子学	1

续表

序　号	专辑名称	总发文量（篇）	专题分类	发文量（篇）
2	社会科学类期刊	188	教育与社会科学综合	160
			教育理论与教育管理	5
			政治军事法律综合	5
			社会学及统计学	4
			公安	3
			法理、法史	2
			高等教育	2
			体育	2
			中国政治与国际政治	2
			军事	1
			职业教育	1
			成人教育与特殊教育	1
3	医药卫生科技类期刊	93	医药卫生综合	41
			医学教育与医学边缘学科	29
			医药卫生方针政策与法律法规研究	7
			中医学	6
			药学	4
			预防医学与卫生学	3
			基础医学	1
			中药学	1
			肿瘤学	1

续表

序　号	专辑名称	总发文量（篇）	专题分类	发文量（篇）
4	经济与管理科学类期刊	59	经济与管理综合	41
			宏观经济管理与可持续发展	3
			工业经济	3
			企业经济	3
			管理学	2
			金融	2
			经济体制改革	2
			科学研究管理	1
			领导学与决策学	1
			贸易经济	1
5	基础科学	52	基础科学综合	49
			海洋学	1
			数学	1
			自然地理学和测绘学	1
6	工程科技	33	综合科技	22
			安全科学与灾害防治	2
			电力工业	2
			机械工业	2
			轻工业手工业	2
			建筑科学与工程	1
			燃料化工	1
			水利水电工程	1
7	农业科技	13	农业综合	8
			畜牧与动物医学	2
			林业	2
			农业工程	1
8	哲学与人文科学	4	中国民族与地方史志	4

如图 1.2 所示，按照专辑分类来看，信息科技类期刊发文量最大，占比为 69.79%。社会科学类期刊次之，占比为 12.86%。第三为医药卫生科技期刊，占比为 4.03%。

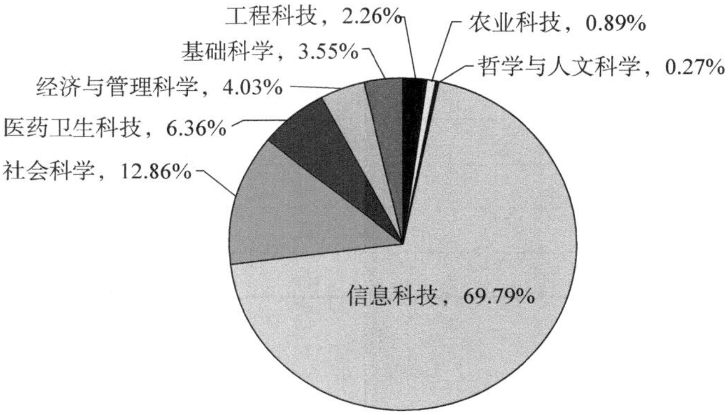

图 1.2　各专辑发文量占比

按照专题分类来看，发文量在 10 篇以上的共有 10 个专题，如表 1.2 所示。图书情报与数字图书馆类期刊最多，占比为 57.14%；教育与社会科学综合类期刊（部分高校学报）次之，占比为 10.94%；第三位是出版类期刊，占比为 9.16%。

有关期刊数据库的文献来源类型涉及八大领域，又细分为 56 类学科专业。其中，发文量在前三位的图书情报与数字图书馆类期刊占比过半，教育与社会科学综合类和出版类期刊占比在 10% 左右，且前三类期刊的发文量均超过 100 篇。这说明期刊数据库的行业关注度十分广泛但也高度集中，主要集中在图书情报与数字图书馆、教育与社会科学综合（部分高校学报）和出版三类专题。

表 1.2　各专题发文分布（发文量≥10 篇）

专题名称	发文量（篇）	占比（%）
图书情报与数字图书馆	836	57.14
教育与社会科学综合	160	10.94
出版	134	9.16
基础科学综合	49	3.35
医药卫生综合	41	2.80
经济与管理综合	41	2.80
医学教育与医学边缘学科	29	1.98
计算机软件及计算机应用	22	1.50
综合科技	22	1.50
新闻与传媒	14	0.96

3. 文献研究主体

在 1463 篇文献中，有 14 篇文献未标注作者单位，其余的 1449 篇文献可获知作者单位，对其作者单位进行如下分类，见表 1.3 和图 1.3。

表 1.3　文献研究主体分类及发文量

分类	说明	发文量（篇）
图书馆	高校图书馆、公共图书馆、医院图书馆等各类图书馆	890
高校师生	各高校信息管理专业、新闻传播专业、经济管理专业等专业的师生	180
出版单位	学报编辑部、杂志社、出版社、数据库运营商等出版机构	173
科研院所	为解决某些方面科学及实践问题而开展研究的科学院、研究院、研究所	126
医学单位	医院耳鼻喉科、药学部等科室、疾病预防控制中心等	9
其他	跨单位合作以及各类有限公司等	71

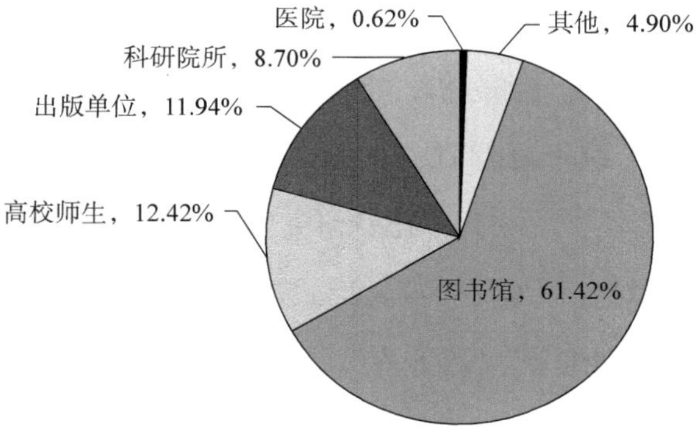

图 1.3　文献研究各类主体发文量总占比

由表 1.3 和图 1.3 可知，有四类单位发文量在 100 篇以上。图书馆的研究人员发文最多，为 890 篇，占比 61.42%；高校师生次之，发文 180 篇，占比 12.42%；第三为出版单位，发文 173 篇，占比 11.94%；第四为科研院所，发文 126 篇，占比 8.7%。

由此可见，图书馆是研究期刊数据库的主力军，其发文量过半；高校师生和出版单位紧随其后，发文量基本持平，占比 10% 以上，其中高校师生主要来自信息管理、新闻传播、经济管理等专业，出版单位人员主要为各期刊编辑部工作人员；各类科研院所研究人员也占据一席之地。

1.2.2　文献研究热点

关键词是对文章内容的高度概括和凝练，是作者思想的简洁表达。通过对期刊数据库相关研究文献的关键词进行统计分析，可以挖掘有关期刊数据库的研究热点。

为了便于关键词的统计和分析，笔者对一些同义不同词的关键词进行合并，例如将“大学图书馆”统一为“高校图书馆”,将“比较”“对比”“比较分析”“对比分析”“数据库比较”统一为“比较研究”，将“开放获取”“开放取阅”统称为“开放存取”；对各种缩写和英文形式进行统一修正，例如“中国科技期刊数据库”“中刊库”“维普”“维普库”“维普数据库”“维普资讯”“重庆维普”统称为英文缩写“VIP”，将“Springer LINK”“SpingerLink”“Springer”统称为“Springer-Link”；对同一文献中的关键词进行合并，例如将“高校”“图书馆”合并为“高校图书馆”,将“光盘”“数据库”合并为“光盘数据库”。此外，还对一些没有标注关键词的文献根据文献内容进行人工增补。通过对 1463 篇文献样本进行关键词词频统计,最终得到了 5265 个关键词,平均每篇文献有 3.6 个，见表 1.4。

表 1.4　期刊数据库研究文献高频关键词 TOP50

序号	关键词	出现频次（次）	首次出现年份	末次出现年份
1	数据库	231	1992	2018
2	电子期刊	140	1996	2016
3	期刊全文数据库	131	1992	2018
4	高校图书馆	130	1995	2018
5	VIP	112	1991	2017
6	期刊数据库	85	1996	2018
7	学术期刊	83	2000	2018
8	期刊	81	1995	2016
9	数据库建设	81	1991	2018

续表

序号	关键词	出现频次（次）	首次出现年份	末次出现年份
10	比较研究	77	1982	2018
11	图书馆	74	1998	2018
12	科技期刊	65	1992	2018
13	电子资源	64	2001	2018
14	中文期刊	57	1995	2016
15	数字化	53	2000	2018
16	CNKI	50	2002	2018
17	开放存取	48	2005	2018
18	CJFD	41	2003	2016
19	检索	39	2003	2016
20	网络化	39	1999	2014
21	万方	37	2003	2018
22	使用统计	36	2005	2018
23	回溯建库	34	1991	2016
24	外文期刊	33	1994	2016
25	信息资源	33	1997	2018
26	期刊管理	32	1984	2013
27	文献检索	30	1997	2015
28	数字出版	29	2009	2018
29	SDOL	29	2002	2018
30	检索系统	25	1997	2011
31	导航系统	25	2001	2015
32	网络环境	24	1999	2012
33	资源共享	23	1992	2011
34	光盘数据库	22	1994	2002
35	检索方法	22	1998	2015

续表

序号	关键词	出现频次（次）	首次出现年份	末次出现年份
36	医学期刊	22	1999	2017
37	编目	21	2003	2016
38	版权	20	2004	2016
39	Springer-Link	20	2003	2013
40	网络出版	20	2000	2018
41	信息服务	20	2002	2015
42	利用率	19	2004	2016
43	评价	19	1996	2018
44	CAJ-CD	18	1997	2002
45	检索功能	18	1998	2018
46	联合目录	18	1992	2014
47	书目数据库	18	1998	2013
48	信息检索	18	1999	2015
49	引文数据库	18	1996	2014
50	纸质期刊	18	2000	2013

通过截取期刊数据库研究高频关键词 TOP50，1982—2018 年有关期刊数据库的研究热点体现在以下五个方面。

1. 紧紧围绕主题“期刊数据库”

“数据库”“期刊全文数据库”“期刊数据库”“光盘数据库”“书目数据库”“引文数据库”这些关键词表明了研究紧紧围绕“期刊数据库”这一主题，由期刊数据库展开细分和延伸。

2. 期刊数据库的开发与应用

“电子期刊”“学术期刊”“期刊”“科技期刊”“中文期刊”“外文期刊”“纸质期刊”“期刊管理”等关键词表明期刊数据库开发和利用的目的，即对各类期刊资源进行管理。

“高校图书馆”“图书馆”“数据库建设”“回溯建库”“导航系统”“资源共享”“编目”“联合目录”等表明期刊数据库在图书情报领域的建设与应用；“数字化”“网络化”“数字出版”“网络出版”等关键词表明期刊数据库在新闻出版领域的开发与利用。

3. 期刊数据库的介绍、比较和评价

“VIP”（重庆维普发行的《中文科技期刊全文数据库》)、“CNKI”（中国知网）、“CJFD”（后改为“CAJD”，中国知网旗下的《中国学术期刊（网络版）》)、“万方”“SDOL”（爱思唯尔发行的数据库产品）、“Springer-Link”（斯普林格发行的数据库产品）、“CAJ-CD”（《中国学术期刊》光盘版）、“比较研究”“检索”“文献检索”“检索方法”“检索系统”“评价”“检索功能”“信息检索”等关键词表明研究热点之一是通过具体期刊数据库，对其在收录范围、检索方式、功能设置等方面进行介绍、比较分析和评价。

4. 期刊数据库的用户行为分析

“使用统计”“信息资源”“利用率”“信息服务”等关键词表明通过对期刊数据库的使用情况进行统计分析，从而选择合适的期刊数据库，为读者提供优

质的信息服务。

5. 期刊数据库的运营模式探析

“开放存取”“版权”等关键词是对期刊数据库商业化还是公益化运营模式及运营过程中出现的版权问题进行探讨。

综上所述，有关期刊数据库的研究热点可归纳为以下四类：一是期刊数据库的介绍、比较和评价；二是期刊数据库的建设与应用；三是期刊数据库的用户行为分析；四是期刊数据库的运营模式探析。

1.2.3 研究内容分析

1. 期刊数据库的分类介绍

（1）按照内容形式分类

按照期刊数据库组织信息的内容形式，可将期刊数据库分为一次文献数据库和二次文献数据库。其中，一次文献指以作者本人的研究成果为依据而创作的原始文献，如期刊论文、研究报告、会议论文等；二次文献是对一次文献进行加工整理后产生的一类文献，如书目、题录、简介、文摘等。因此，二次文献数据库包括篇名数据库、书目数据库、题录数据库、文摘数据库和引文数据库；一次文献数据库即全文数据库。

我国期刊数据库创始于书目、文摘等二次文献数据库，满足了人们快速查找文献线索的需求。随着互联网的发展，直接获取文献全文成为可能。自 20 世纪 80 年代起，全文期刊数据库增长势头迅猛，由于全文期刊数据库包括篇名、著者、摘要、关键词、正文、参考文献和著作日期等数据，提高了用户检索和获取期刊文献信息的效率，同时全文期刊数据库无须进行二次加工，避免了二次加工中人为的差错、减少了管理和资金上的投入，因此全文期刊数据库成为当今期刊数据库的主流。

（2）按照主题范围分类

按照收录期刊的主题范围，期刊数据库可分为综合性期刊数据库和专业性期刊数据库。

中国知网旗下的《中国学术期刊（网络版）》为综合性期刊数据库，内容覆盖自然科学、工程技术、农业、哲学、医学、人文社会科学等各个领域。解放军医学图书馆开发研制的《中文生物医学期刊数据库》是专业性期刊数据库，收录了大量中文医学期刊，内容涵盖基础医学、临床医学、预防医学、药学、医学生物学、医院管理等医学领域。

（3）按照载体形式分类

随着计算机、互联网技术的发展，期刊数据库的载体产生极大的变化，从国际上看，大致经历了四个主要阶段。[1]

第一阶段是 20 世纪初至 60 年代末，为印刷型阶段。比如创刊于 1907 年的《化学文摘》（*Chemical Abstracts*，CA）在 20 世纪 70 年代以前是人工编制，随着计算机技术的发展，改为机器编制，但仍以出版印刷本为主。

---

[1] 何小清 . 数据库服务方式的发展趋势 [J]. 情报学报，2002（2）：192-196.

第二阶段是 20 世纪 70 年代至 80 年代中期，为专线联机阶段。最具代表性的是于 1972 年开始商业化运行的 DIALOG 系统，是美国同时也是全世界最大的联机情报检索系统，提供书目、全文、数值等数据库。专线联机数据库大都设置在研究机构或大学里，而且操作烦琐，只能使用复杂的指令式检索方式，仅限于受过专门训练的情报检索人员使用，检索费用也比较高。

第三阶段是 20 世纪 80 年代中期至 90 年代中后期，为光盘型阶段。光盘载体具有存储量大、体积小以及检索方法简单多样等优点，得到迅速普及，普通用户也可以使用期刊数据库进行信息检索。由清华大学主办、于 1996 年 12 月公开发行的《中国学术期刊（光盘版）》（*Chinese Academic Journal*-CD，简称 CAJ-CD）是我国第一个连续出版的大规模集成化、多功能学术期刊全文检索系统。

第四阶段是 20 世纪 90 年代后期至今，为网络型阶段。随着技术的发展，互联网成为信息资源存储、交流和利用的主要载体，网络期刊数据库层出不穷，具有数据量大、增长迅速、更新速度快、检索功能强大、检索结果显示与输出灵活多样、服务智能化与个性化等特点。目前，所有的大型期刊数据库都已建成网络数据库，提供远程信息检索服务。

此外，期刊数据库按照开发主体可划分为图书馆自建和数据库商；按照地域分类可划分为国内期刊数据库和国外期刊数据库；按照服务性质可划分为公益性期刊数据库和商业性期刊数据库。后文将对此问题进行详细阐述。

2. 期刊数据库的开发与应用

期刊数据库通过采集、开发期刊信息资源，并借助网络提供期刊信息服务，方便了期刊的交流和利用，成为各高校、科研机构、公共图书馆文献资源保障系统的重要组成部分。同时，随着各种信息技术的逐步成熟，期刊社数字化、网络化发展方向也日益明晰，方向之一即加入期刊数据库。因此，本部分将对期刊数据库在高校图书馆和期刊社数字化转型中的应用和开发进行阐释。

（1）在高校图书馆的开发与应用

期刊数据库在高校图书馆的开发与应用是期刊数据库研究中的重要组成部分，主要涉及两类期刊数据库：一类是自建期刊数据库，另一类是订购的期刊数据库。

关于自建期刊数据库多是从建设角度进行研究，讨论更多的是馆藏期刊的回溯建库工作；关于订购的期刊数据库主要是从应用角度进行研究，讨论更多的是各期刊数据库的介绍、对比和评价。

① 自建期刊数据库

高校图书馆通过自建期刊数据库实现期刊资源标准化、自动化管理，为读者提供优质服务。图书馆在开展自建期刊数据库工作时，要做好人员的组织、建库软件的选择，在标准化著录格式和合适的著录方法的支持下开展建库工作，并在建成后做好质量维护工作。

A. 建库人员的组织

为了保证图书馆自建期刊数据库的质量，建库前要做好上岗人员的业务培训和思想教育工作。建库人员由计算机技术人员与期刊编目人员组成，要明确建库的意义和责任，了解建库的计划和实施方案，掌握文献著录标准和机读目录格式、分类与主题标引方法，并具备一定的计算机操作技术和建库应用软件知识。[1]

B. 建库软件的选择

建库软件直接影响着自建期刊数据库的质量以及建成后期刊数据库的数据存储、检索利用和日常维护等，因此应结合实际情况选择一套成熟的、联网功能强的建库软件，软件本身要具有开放性好、移植性强、界面友好且操作简单，检索途径多样化等优点。

C. 建库工作的开展

做好建库的前期准备工作后，即可按照建库方案和流程开展建库工作，采用标准化的著录格式以及合适的著录方法对期刊数据进行著录。通常情况下，中文著录统一采用中文机读目录格式（CNMARC），外文著录统一采用国际通用机读目录格式（UNIMARC）。

目前，通过套录数据建立数据库是常见的建库方法，因为直接套录数据可使回溯建库的进程加快，而且所利用的数据源往往是由实力强的单位编制，数据的著录格式、字段项目、数据的标准化和规范化比较有保证，从而提高了建库工作的速度和质量。[2] 自录是指由建库工作人员按照著录标准，自己选定格式和字段项，直接把期刊信息存储在馆藏期刊数据库中。这种方法建库时间长、输入量大，数据的差错率高，而且如果著录不规范则不利于数据的交换和联网。大多数图书馆都已摒弃了这种落后的建库方式，只有在无法套录或没有记录时才采取自录的方法。

因此，期刊数据著录应在符合国际和国家标准格式的基础上和采取数据套

---

[1] 高敏，廖志江．20 世纪 90 年代我国期刊数据库研究分析 [J]. 河北科技图苑，2004（2）：21-23，32.

[2] 倪琪．期刊回溯建库中的问题与对策 [J]. 图书馆建设，2010（12）：40-43.

录为主和自录数据为辅的方法，从而达到格式规范、标准化高、著录项目齐全以及较多地覆盖馆藏等要求。

D. 建成后的维护工作

由于期刊是动态的、不稳定的和变化的，期刊数据库建成后要不断予以修正。包括对数据的修改、替换、更新、合并、删除等，使其不断扩充与完善。期刊数据库的管理与维护是一项经常性工作，图书馆应建立一套切实可行的制度，并指定专人负责，以便及时反映馆藏期刊的变化，保证数据库的完整和有效。

② 订购期刊数据库

随着期刊数据库产业的蓬勃发展，我国及世界范围内涌现了一批有影响力的期刊数据库，如中国知网旗下的《中国学术期刊（网络版）》（简称 CAJD）、维普资讯旗下的《中文科技期刊数据库》（简称 VIP）、万方数据旗下的《万方数据知识服务平台》、荷兰爱思唯尔出版集团旗下的 ScienceDirect Online（简称 SDOL）以及德国施普林格出版集团旗下的 Springer-Link 等。

如今，这些大型期刊数据库已经成为高校图书馆期刊资源的重要组成部分，对它们的研究也随之增多，研究重点主要集中在两方面：一是期刊数据库的介绍、对比和评价；二是期刊数据库的用户行为分析。

A. 期刊数据库的介绍、对比和评价

通过对图书馆订购的国内外主要期刊数据库的收录范围、检索利用、个性化服务等方面进行介绍、对比及评价，为用户选择、使用期刊数据库提供帮助借鉴，并根据评价结果对今后期刊数据库的订购提供参考意见。

B. 期刊数据库的用户行为分析

高校图书馆为选择真正满足师生的信息需求、符合本校学科专业特色的期刊数据库，对所订购的期刊数据库后台统计的使用数据进行分析，包括检索下载量、检索下载行为和重点需求文献等几个方面。通过对订购的期刊数据库的利用情况进行深入研究，以此了解师生的习惯偏好，为其期刊数据库的订购及信息服务提供针对性的指导建议，从而提高期刊数据库的利用率。

（2）在期刊社数字化转型中的开发与应用

随着互联网技术的高速发展及普及，传统纸质版期刊受到了强大的冲击，发行量、发行范围、读者范围等方面的局限性日益突出。在这一背景下，越来越多的期刊社积极与互联网融合，开展数字化转型，以期谋得更好的生存和发展。

我国期刊社数字化转型主要有两类途径：一是自办专业网站；二是与中国知网、维普资讯、万方数据、龙源期刊网等权威期刊数据库合作。❶由于大多数期刊社资金和人力有限，自办专业网站的较少，一般由有实力的专业期刊和学报设立。因此，目前甚至在未来相当长的一段长的时间内，期刊社数字化转型主要还是通过加入权威期刊数据库的途径。

期刊社与期刊数据库开展合作，将传统的纸质期刊进行数字化加工后，以数字资源集中储存，形成具有海量内容的资源数据库，实现知识之间的有效关联，并建立方便读者查询的目录和导航系统，再通过 B2B 或 B2C 的电子商务方式或者开放存取的公益方式向用户提供期刊信息及全文的检索、查询、阅读和下载等信息服务。❷

❶ 吴巧红．学术期刊网络出版模式探讨 [J]. 编辑之友，2007（1）：68-70.

❷ 胡秋萍．学术期刊网络化刍议 [J]. 天水师范学院学报，2011（4）：135-137.

3. 期刊数据库的运营模式

随着众多期刊数据库的出现，其运营模式也越来越受到重视，相关研究数量持续增长。目前，我国绝大多数期刊数据库是商业性的，如中国知网、龙源期刊网等；同时，开放存取的公益性期刊数据库也逐步走进人们的视线，如国家哲学社会科学学术期刊数据库。本部分将对期刊数据库商业性和公益性运营模式进行探析。

（1）商业性的运营模式

随着市场经济的发展，20 世纪 90 年代以后，中国知网、维普数据库、万方数据库、龙源期刊网进入商业化和产业化的运营模式。它们通过 WEB 版（网上包库）、镜像站版、光盘版、流量计费等形式向用户提供可包库订购或购卡使用的方式获得利润。但同时，由于缺乏统一规划导致内容重复。数字技术壁垒、盈利模式上存在霸王条款、版权侵权等问题，阻碍了商业性期刊数据库的进一步发展。因此，需要政府统筹规划，建立合理的收费价格体系，完善作者、期刊社、数据库运营商之间的关系，从而推动商业性期刊数据库的健康发展。

（2）公益性的运营模式

提及期刊数据库的公益性运营模式，就不得不提“开放存取（Open Access，简称 OA）”根据 2001 年《布达佩斯开放存取倡议》的界定。“开放存取”是指文献在公共互联网上被自由使用，允许任何读者阅读、下载、复印、传播、印刷、检索，也可供全文链接、索引，允许把它们转化为软件数据；除了在存取时保持文献的完整性之外，可运用于任何合法的目的，对其复制和传播的唯一限制，

或者说该领域中版权的唯一功能，就是使作者有权控制其作品的完整性，以及作品被正确接受和引用。❶

开放存取是“学术期刊危机”和“网络机遇”两大要素促成的产物。“学术期刊危机”是指基于订阅的期刊传统出版模式存在着学术交流障碍，少数出版巨头的价格垄断，更使期刊使用者的经费开支不堪重负；“网络机遇”是指网络的广泛运用，使期刊出版和传播的成本大大降低，期刊网上发行使其绕开出版巨头的信息壁垒成为可能。❷

开放存取这一公益性的期刊数据库运营模式实现了期刊信息的免费共享，对扩大学术共享水平、提升学术传播速度起着积极的作用，包括研究者、研究机构、政府在内的多种主体都能从中受益。但是，在我国，因为中国知网、龙源期刊网等商业性期刊数据库运营模式先入为主，开放存取的认知度还远远不及。因此，开放存取这一公益性期刊数据库运营模式要想在我国取得蓬勃发展，还需要政府的积极支持和推进，加大宣传与投入等。

1.3 研究目的和方法

1.3.1 研究目的

首先，通过对中国知网与龙源期刊资源使用情况的统计分析，了解图书馆

❶ 赵文义，王磊，宋庆国，等．学术期刊的网络传播模式分析 [J]. 中国科技期刊研究，2008（1）：80-82.

❷ 林娜．“开放存取”及其中国境遇 [J]. 中共福建省委党校学报，2009（11）：115-121.

订购数字资源的利用情况，明确所订数字资源是否切实符合读者需求，并据此制订和调整图书馆数字资源建设。

其次，通过对中国知网与龙源期刊资源使用情况的统计分析，了解读者利用数字资源偏好，作为开展数字资源推广与用户培训等工作的可靠依据。

最后，通过对中国知网与龙源期刊资源使用情况的统计分析，检验提供商或服务商的服务质量，及时反映其产品及服务的不足，有利于期刊数据库数字化阅读产品与服务的改进。

1.3.2 研究方法

1. 文献分析法

收集国内外相关领域的图书、期刊、研究报告等文献资料，充分利用互联网收集相关资料，对文献信息进行分析和综合，以获得对本文所涉及的研究领域的全面认识。

2. 问卷调查法

以北京印刷学院师生为问卷调查对象，围绕中国知网与龙源电子期刊阅览室等图书馆数字资源的使用情况，从高校师生阅读需求、阅读特点、阅读影响因素等几方面进行调查，通过网络调查共回收有效问卷 239 份。

3. 数据统计法

以北京印刷学院师生访问中国知网与龙源电子期刊阅览室可获得的数据作为依据，通过统计分析来揭示规律性。

4. 归纳总结法

将理论和实证分析结合进行归纳总结，归纳出高校师生专业类和大众类期刊数字阅读的影响因素，以及提高图书馆数字资源利用率的启示。

1.4 研究意义

基于北京印刷学院师生访问中国知网的数据分析，总结出高校专业类期刊数字阅读的影响因素，有利于高校图书馆数字资源的建设。从数据中可以获得提高图书馆数字资源利用率的启示，有利于弥补图书馆数字资源建设中的不足，提出更好的发展模式。

基于北京印刷学院师生访问龙源电子期刊阅览室的数据分析，总结出高校师生大众类期刊的阅读背景、阅读特点、阅读需求、阅读影响因素等，了解这一群体的实际阅读需求、阅读兴趣和课堂之外的学习情况，从而能够针对大众类期刊、期刊数据库、图书馆建设三个方面提出意见与建议，更切实际和更具针对性地满足师生需求，开展阅读活动，提升校园整体文化水平。同时也给期刊工作者提供了选题、策划、内容编辑和营销推广等方面的改进视角和依据。

第 2 章　专业类期刊数据库数字化阅读研究

本章以高校师生的数字化阅读、我国专业类数字内容平台的发展现状以及中国知网的概况为研究背景，以 2013—2018 年（由于后台原因，2015 年和 2016 年的文章下载数据为空白）可获得的北京印刷学院访问中国知网的后台数据为主要研究依据，结合问卷调查，梳理高校师生使用图书馆数字资源的特点及高校师生专业类期刊的数字化阅读的特点，归纳出高校师生专业类期刊数字化阅读的影响因素，并对高校专业类期刊数字资源建设提出建议。

2.1　北京印刷学院师生使用中国知网的数据分析

2.1.1　数据库使用情况分析

截至 2018 年 12 月 4 日，北京印刷学院用户使用中国知网总次数达 6855 万次之多，下载 315.5 万次，主要分库的使用及下载情况如表 2.1 所示。

表 2.1　北京印刷学院使用中国知网（主要分库）情况

数据库名称	检索次数（次）	浏览次数（次）	下载次数（次）	使用总次数（次）
总计	62055965	3298804	3155065	68552717
中国学术期刊网络出版总库	3528563	1304563	1834451	6678897
中国优秀硕士学位论文全文数据库	3373209	540129	416669	4341257
中国重要报纸全文数据库	3113099	119882	120303	3353475
中国博士学位论文全文数据库	3365903	112147	87166	3573751
中国重要会议论文全文数据库	3125643	36989	38516	3201414

注：检索次数指用户进行文献检索的次数，包括普通检索、高级检索、专业检索等；浏览次数指用户在检索结果中点击文献题名，访问文献知网节或是其他类似页面的次数；下载次数指用户获取文献全文（如 CAJ、PDF、KDH 等格式原文），或者在线阅读原文的次数。

从后台数据可知，中国知网共有各类数据库总计 1066 个，表 2.1 所示为使用总次数最多的 5 个分库，占到总库使用总次数的 30.8%，这也符合了帕累托提出的二八定律，即“在任何一组东西中，最重要的只占其中一小部分，约 20%，其余 80% 尽管是多数，却是次要的”。其中，访问量最高的是中国学术期刊网络出版总库，使用总次数接近 668 万次，检索次数总计 352 万次以上，下载量达到 183 万次之多。一方面，与检索默认的选项有一定关系，中国知网首页中的检索默认选项为“学术期刊”“博硕”“会议”“报纸”，刚好涵盖了上述 5 个主要分库，而北京印刷学院师生在检索时一般不会使用高级检索，是在默认状态下进行检索；另一方面，也反映出师生用户对这几类文献的使用率高，相应地，对年鉴、专利、标准、古籍等数据库的使用率低。

各主要数据库的检索、浏览、下载、使用情况在图 2.1 中也有明确显示。

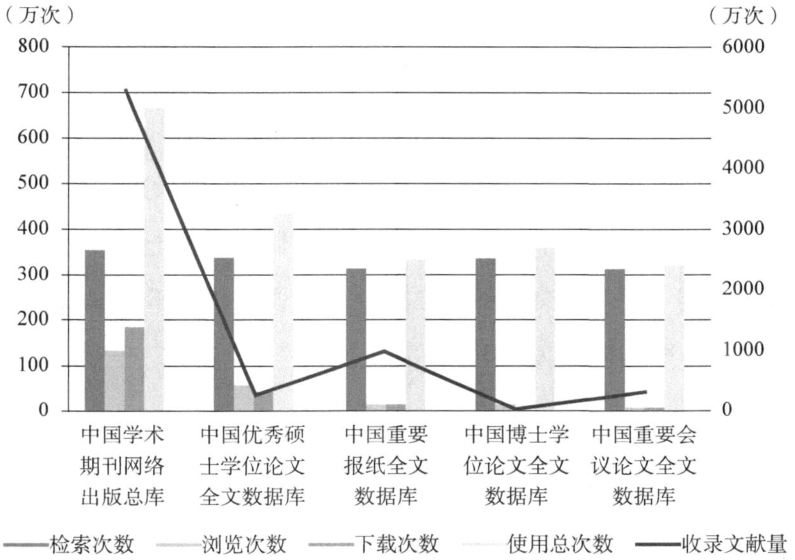

图 2.1　北京印刷学院使用中国知网（主要分库）情况

从图 2.1 可以看出，各个库之间的检索次数差别不是很明显，这是因为读者通常采用关键词检索，而非对单一数据库进行限定检索，也体现了在对某一关键词检索时，文献所属的数据库主要集中于以上 5 个分库，且近似平均分布。

但是，浏览次数和下载次数表现出较大差异。浏览次数和下载次数最多的是中国学术期刊网络出版总库，其次为中国优秀硕士学位论文全文数据库，因此在使用总次数上二者也分居第一、第二，另外三个数据库的数据表现则十分接近。导致这种结果的原因主要有两个：一是从数据库的收录文献量上说，中国学术期刊网络出版总库的收录文献量最多，为 5300 万篇，可使用的文献基数大，自然浏览次数与下载次数最大；二是因为学术期刊是学术研究，尤其是文献阅读中最为常见的表现形式，相较于硕博士学位论文更加精练，相较于报纸与会议论文又更加深刻，所以被广泛接受并使用。

值得注意的是，虽然中国重要报纸全文数据库的收录文献量位列第二，但浏览次数与下载次数却很少，说明北京印刷学院师生对报纸文献的利用率并不高。与之相反，中国博士学位论文全文数据库的收录文献量最少，仅 30 万篇左右，但浏览次数与下载次数的数据表现良好，博士学位论文最大的特点就是研究内容专业且深刻，学术性极强。这说明相较于文献数量，北京印刷学院师生更看重的是文献质量。

2.1.2 期刊下载情况分析

根据上文的分析，我们已经知道中国学术期刊网络出版总库为北京印刷学院师生在中国知网主要使用的数据库，因此这里专门对中国学术期刊网络出版总库的期刊的下载情况进行分析，比较有代表性和说服力。

1. 期刊下载总量 TOP11

从 2013—2018 年的期刊下载总量来看，排名靠前（TOP11）的期刊分别是《中国出版》《出版发行研究》《出版参考》《出版广角》《科技与出版》《包装工程》《编辑之友》《编辑学报》《印刷技术》《出版科学》《北京印刷学院学报》，具体如图 2.2 所示。

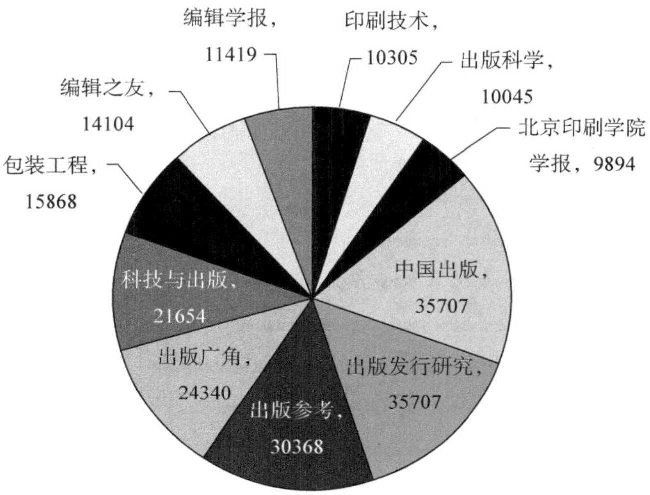

图 2.2　2013—2018 年期刊下载总量 TOP11（次）

从历年下载量看，大部分期刊的下载量呈逐年递增趋势或每年波动不大，但个别期刊的下载量在个别年份波动较大，具体如图 2.3 所示。《中国出版》《出版发行研究》《出版广角》《编辑学报》《出版科学》在 2016 年都有不同程度的增长，特别是《中国出版》和《编辑学报》在 2016 年的下载量是其他各年份的数倍或十几倍。又如《出版发行研究》在 2017 年的下载量明显多于其他年份，《出版参考》在 2018 年的下载量是前 5 年下载量总和的 2 倍多。因后台数据中无法获得个别期刊在个别年份中具体文献的下载情况，所以难以得出其数据波动的原因，但推测可能与个别月份或论文的下载量猛增有关。

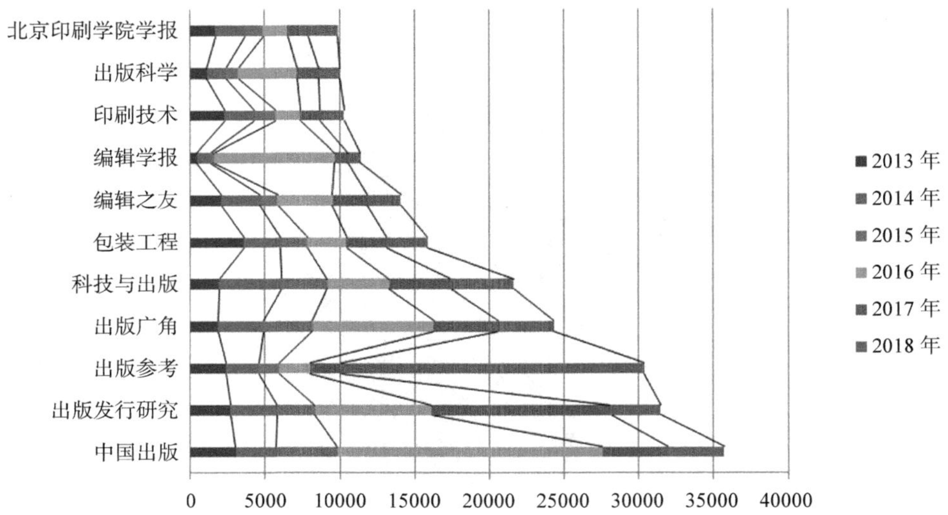

图 2.3　2013—2018 年 TOP11 期刊下载情况

（1）结合期刊的学科类别考虑

TOP11 期刊主要集中在出版和印刷包装学科，说明学校师生关注的领域就集中在这几个领域。排除《北京印刷学院学报》既包含出版研究又包含印刷与包装研究，TOP11 中出版类期刊有 8 个，下载总量是 179115，且 TOP5 均为出版类期刊；印刷与包装类期刊有 2 个，下载总量是 26173，约为出版类的 1/7，可见出版类期刊在期刊下载中占据绝对优势。这与学校的专业设置、学科发展及媒体融合的背景都有一定的关系。

（2）结合北京印刷学院的专业设置考虑

学校拥有 4 个北京市特色专业，分别是印刷工程、编辑出版学、包装工程和艺术设计。TOP11 中涉及的期刊类别恰好对应了其中 3 个专业，说明学校的特色专业无论是从教学质量还是学术水平上都有领先优势，专业发展的风格明显，顺应了学校建设特色鲜明、高水平出版传媒大学的发展目标。值得注意的是，艺术设计专业虽然也是特色专业，但在 TOP11 中却几乎没有出现该学科类别，可能因为是该专业更注重作品设计，而非学术成果，从这一点也能看出不同专业的学科特点与发展侧重点。

（3）结合期刊的学术级别考虑

从表 2.2 中可以看出，TOP11 中有 8 种期刊是来源于 CSSCI 或 CA 的核心期刊，占比为 73%，这些期刊均为各自领域内的权威期刊，有比较强的学术指导作用，说明北京印刷学院师生下载的文章是在学界认可度高、有着比较专业与前沿观点的文献。《北京印刷学院学报》虽然不是核心期刊，但 2018 版复合影响因子较高，与普通期刊相比具有一定优势。北京印刷学院师生对其较高的下载量，一方面源自于对本校天然的联结与亲近，另一方面也说明了《北京印刷学院学报》与学校的专业设置贴合，能够很好地满足师生对文献资料的需求与偏好。

表 2.2　2013—2018 年期刊下载总量 TOP11 的级别情况

期刊名称	期刊级别	2018 版复合影响因子
中国出版	CSSCI	0.685
出版发行研究	CSSCI	0.813
出版参考	/	/

续表

期刊名称	期刊级别	2018版复合影响因子
出版广角	CSSCI	0.420
科技与出版	CSSCI	0.815
包装工程	CA	1.379
编辑之友	CSSCI	1.048
编辑学报	CSSCI	1.524
印刷技术	/	/
出版科学	CSSCI	0.661
北京印刷学院学报	/	0.321

注：复合影响因子是以期刊综合统计源文献、博硕士学位论文统计源文献、会议论文统计源文献为复合统计源文献计算。

（4）结合中国知网的期刊出版文献量考虑

图2.4是截至2018年12月30日，中国知网收录的上述11种期刊的出版文献总量。通过这个图可以看出,《出版参考》与《印刷技术》的数量位居前列，这也很好地解释了为什么两刊虽然不是核心期刊，也无复合影响因子的说明，但在2013—2018年仍有很高的下载总量。在核心期刊中,《中国出版》的出版文献量最多，学术优势与数量优势共同决定了其成为下载总量的TOP1；其他核心期刊的出版文献量相对较少，但仍进入下载总量TOP11榜单，说明北京印刷学院师生比较看重专业性与学界认可度，倾向于选择级别较高的学术期刊。

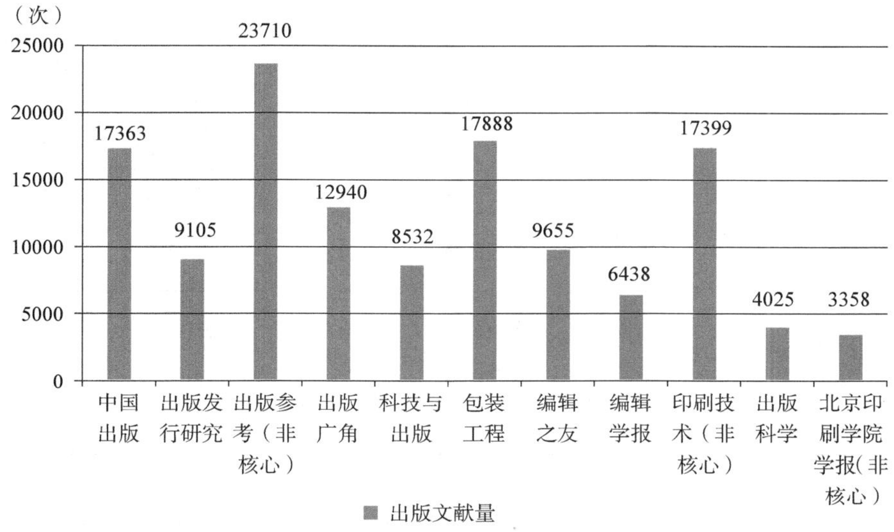

图 2.4　2013—2018 年期刊下载总量 TOP11 的出版文献量

2. 历年期刊下载量 TOP11

在 2013—2018 年间，共有 17 种期刊进入 TOP11，其中连续 6 年都进入 TOP11 的有《包装工程》《中国出版》《出版发行研究》《编辑之友》《科技与出版》《出版广角》六种期刊，出版类期刊占据绝对优势，见表 2.3。

表 2.3　2013—2018 年历年期刊下载量 TOP11

排名	2013 年	2014 年	2015 年	2016 年	2017 年	2018 年
1	包装工程	科技与出版	中国出版	中国出版	出版发行研究	出版参考
2	中国出版	出版发行研究	出版广角	出版广角	中国出版	科技与出版
3	出版发行研究	出版广角	科技与出版	编辑学报	出版广角	中国出版
4	出版参考	中国出版	中国科技期刊研究	出版发行研究	科技与出版	出版广角

续表

排名	2013 年	2014 年	2015 年	2016 年	2017 年	2018 年
5	印刷技术	编辑之友	出版发行研究	新疆新闻出版	包装工程	出版发行研究
6	编辑之友	包装工程	包装工程	科技与出版	新闻研究导刊	包装工程
7	科技与出版	出版参考	印刷技术	出版科学	编辑之友	新闻研究导刊
8	出版广角	北京印刷学院学报	新闻传播	编辑之友	出版参考	编辑之友
9	北京印刷学院学报	印刷技术	出版参考	中国编辑	现代出版	北京印刷学院学报
10	今日印刷	今日印刷	新疆新闻出版	现代出版	出版科学	印刷技术
11	印刷杂志	出版科学	编辑之友	包装工程	青年记者	出版科学

如果将表 2.3 中历年 TOP11 从第 1~11 名按 11~1 分依次赋值，则各刊排名得分如表 2.4 所示。

表 2.4　2013—2018 年 TOP11 期刊排名得分

期刊	2013—2018 年排名得分	所属专题
中国出版	59	出版
出版发行研究	52	出版
出版广角	50	出版
科技与出版	49	出版
包装工程	37	包装
出版参考	31	出版
编辑之友	27	出版
印刷技术	17	印刷
新闻研究导刊	11	新闻传播
北京印刷学院学报	10	教育与社会科学综合

续表

期刊	2013—2018 年排名得分	所属专题
新疆新闻出版	9	新闻传播
出版科学	9	出版
中国科技期刊研究	8	出版
现代出版	5	出版
新闻传播	4	新闻传播
今日印刷	4	印刷
青年记者	1	新闻传播

注：所属专题参考中国知网对学术期刊的学科专题划分与学校的专业设置情况。

6 种六年均进入 TOP11 的期刊表现出比较稳定的下载优势，是广大师生关注较多的期刊。在 TOP11 的 17 种期刊中，呈现了出版 > 印刷包装 > 新闻传播的趋势，其中，出版类期刊有 9 种，占到总数的一半以上，又从一个侧面看出，对于出版类内容的关注是北京印刷学院师生的重点。

出版、印刷、包装类期刊作为 2013—2018 年期刊下载总量 TOP11 中涉及的专题类别，其重要性不言而喻。此外，在表 2.4 中发现有 4 种新闻传播类期刊进入历年 TOP11 榜单，仅次于出版类期刊。出现这一情况的原因，主要有以下三点：一是学校近年新增了新闻学本科专业、新闻与传播专业硕士，新闻传播的学生数量增长迅速，对相应学术期刊的需求量增加；二是新闻传播类与出版类在学科内容上有较大交叉性，研究内容也有一定重合度，出版类期刊下载量大也对新闻传播类期刊下载量的增加起到辐射带动作用；三是中国知网中收录的新闻传播类期刊数量大大超过出版、印刷与包装类期刊。

图 2.5 为在中国知网通过关键词搜索期刊名称的数量情况，据此推测各类

别期刊的总体数量，虽不尽精确，但仍可代表一定趋势。可以看出，新闻传播无论是从单一关键词还是复合关键词上，都超过其他三种期刊类别，数量基数大也会使下载量较大。也从另一个侧面看出，随着学校对新闻传播学科的重视与学科的自身发展，新闻传播在未来学校学术期刊的下载量增长方面还有很大的潜力空间。

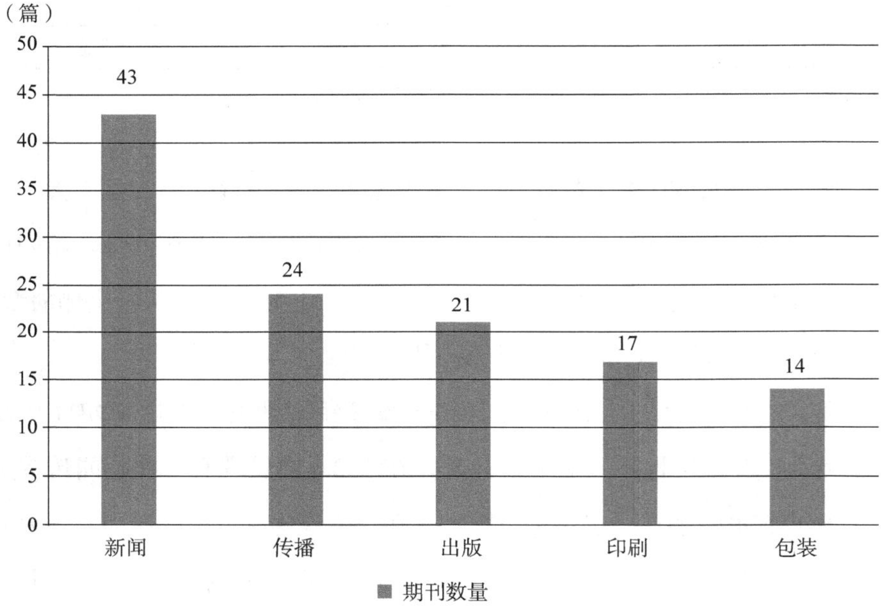

图 2.5　关键词搜索期刊名称的数量

2.1.3　文章下载情况分析

将后台中 2013—2018 年北京印刷学院师生登录中国知网并下载文章的数据经过清洗与筛选后，对有效数据进行分析。

1. 文章关键词分析

将 2013 年下载论文的所有关键词按词频分布，排列为“出版”“数字”“设计”“技术”“印刷”等（具体见图 2.6）。出版领域的文章仍为师生下载重点，下载次数达到 16656 次。在数字时代，数字技术成为行业发展热点，北京印刷学院也顺应时代潮流开设了相应的数字类专业，如数字出版、数字印刷、数字媒体艺术、数字媒体技术等，因此对涉及关键词“数字”的下载次数较多。设计艺术学院是具有教育部批准的参照独立设置本科艺术院校招生资格，是全国 13 所具有此资格院校之一，学院的良好发展正是来源于设计学专业的不断建设，师生对于“设计”类文章的关注度较高，下载量较多。其他下载频次较高的关键词涉及“文化”“网络”“管理”“教育”“包装”等领域，与高校教学的贴合度较高。

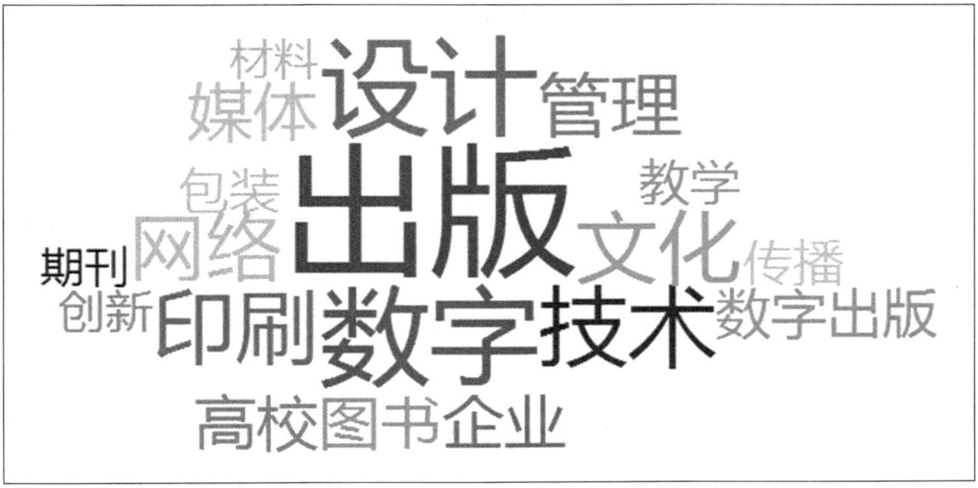

图 2.6　2013 年下载论文关键词 TOP20

2014年论文关键词集中在“出版”“设计”“数字”“技术”“文化”等（具体见图2.7），与2013年不同的是，“设计”“文化”关键词频上升，“数字”“印刷”等词频下降。此外，其他关键词除与2013年重复出现外，新增了“营销”“电视”等，体现了北京印刷学院师生在不同年份的关注点的变化。

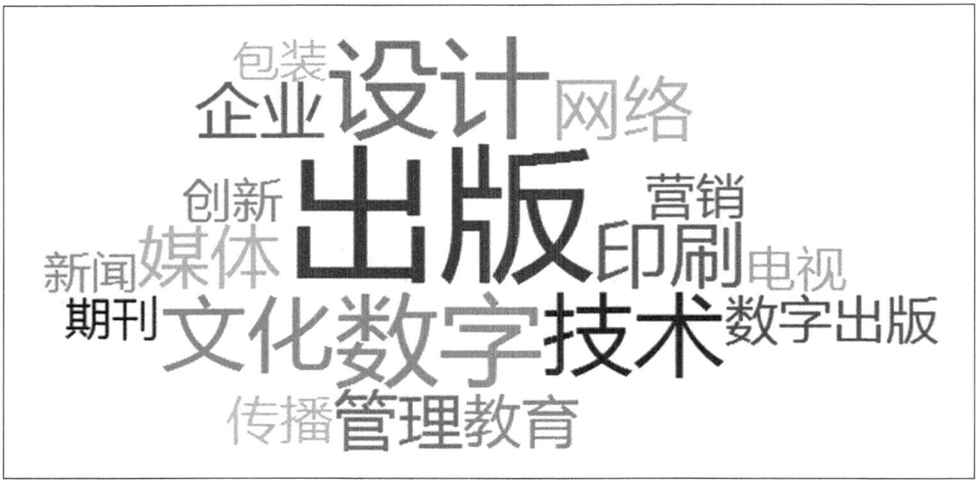

图2.7　2014年下载论文关键词TOP20

从图2.8中可以看出，2017年论文关键词前五名同样为“出版”“设计”“数字”“技术”“文化”，相比较于2014年，“数字”关键词频上升为第二位，“设计”下降为第三位，但二者数量十分接近，仅相差195次。首次出现的关键词为“数据”“融合”，体现了大数据时代的媒体发展特点，一方面，使用大数据与数据可视化进行管理与分析，有助于解决研究问题；另一方面，融合是时代潮流，媒体融合成为学界关注热点，也是北京印刷学院师生学术研究的重要方向。

图 2.8　2017 年下载论文关键词 TOP20

从图 2.7 中可以看出，2018 年的关键词仍集中在“出版”“设计”“技术”“文化”“数字”五大领域，值得关注的是，“数字”关键词首次没有进入前三，“技术”“文化”关键词排名上升，但从具体词频来看，三者数量也相差不大，最大差值不到 600 次。“编辑”“智能”作为新关键词首次出现在 TOP20 中。“编辑”所涉及的有编辑活动、编辑人才、编辑理念等，总之与内容紧密相关，反映了北京印刷学院师生回归内容本质，重新审视“编辑”相关概念。2017 年被称作人工智能元年，而在 2018 年人工智能产业发展势头更为强劲，也逐渐渗透到新闻出版等各个领域，“智能”关键词下载次数显著增加。

图 2.9　2018 年下载论文关键词 TOP20

总结上述四年论文关键词分布情况，可以发现有 5 个关键词基本占据历年关键词频的前五名，分别是“出版”“数字”“设计”“技术”“文化”，说明北京印刷学院师生下载文章的关键词呈现比较稳定且集中的态势。图 2.10 是五大关键词历年词频统计。“出版”呈现出十分明显的频数优势，远远高于其他 4 个关键词，且差距有逐渐扩大的趋势，说明北京印刷学院师生仍最为关注、并将持续关注出版领域。其他 4 个关键词整体来看差异不大，数值十分接近，排名此消彼长；“设计”的词频数总体趋势基本稳定在第二位，其次是“数字”“技术”，“文化”为五大关键词中词频数最少的一个。

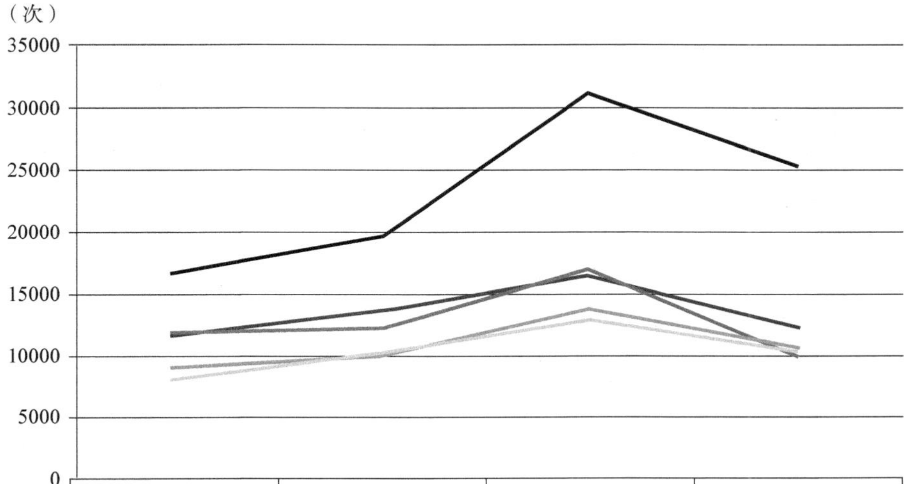

	2013 年	2014 年	2017 年	2018 年
出版	16656	19743	31207	25230
数字	12027	12413	16798	10200
设计	11744	13744	16603	12279
技术	9171	10220	13855	10793
文化	8193	10217	12996	10492

图 2.10　五大关键词历年词频统计（次）

2. 文章下载总次数 TOP50

从总体数据来看，文章下载情况并不平均。下载总次数接近 20 万，而同一篇文章下载次数多集中在 1~3 次，下载次数在 27 次以上的（包含 27 次）只有 52 篇，仅占下载总次数的 0.07%。说明北京印刷学院师生下载知网文章时涉猎广泛，选择文献的重复率低，有助于对不同观点的理解与吸收。

按照下载次数降序排列，入榜文章共有 52 篇（下载次数相同则排名相同），具体见表 2.5。

表 2.5　2013—2018 年中国知网文章下载总次数 TOP50

排名	文章名称	下载次数（次）	所属类目
1	我国数字出版产业发展战略研究	217	出版
2	印刷速度对工艺控制及印刷质量的影响	87	印刷
3	数字出版商业模式研究	83	出版
3	文化科技融合背景下的中国出版产业数字化转型研究	83	出版
5	印刷速度与墨量补偿的关系分析	79	印刷
6	油墨转移方程参数赋值的微分迭代法	78	印刷
7	票据印刷　逆势中迸发向上力量	70	工业经济
8	彩票的特点和丝网印刷工艺	68	印刷
9	冠豪高新拟控股彩票印刷公司	66	工业经济
10	结构色成色机理与制备方法研究	65	物理
11	环保型水性油墨的研发与市场展望	59	印刷
12	中国数字图书消费市场研究	55	出版
12	白色水性柔印墨遮盖力研究	55	印刷
12	我国柔性版印刷技术现状与今后发展趋势	55	印刷
15	柔性版印刷的现状与发展	51	印刷
16	中国出版业制度创新研究	50	出版
17	水性油墨连接料的新进展	49	化学工业
18	中国出版产业发展研究	48	出版
19	传统出版向数字出版的转型及创新研究	42	出版
20	十年来中国图书版权输出研究	41	出版
21	出版业微信营销研究	40	出版
22	我国数字出版产业转型和拐点的新思考	38	出版
22	IP 出版经营现状及创新策略分析	38	出版
22	我国数字出版产业发展现状及策略分析	38	出版
22	阅文集团 IP 运营研究	38	出版；文学
22	社会矛盾的存在与和谐社会的构建	38	哲学

续表

排名	文章名称	下载次数（次）	所属类目
27	国内数字出版所处困境及发展途径研究	37	出版； 信息产业经济
28	报纸的编排、印刷与发行系列讲座——报纸的发行	35	新闻
29	面向场景的融合：出版机构 IP 化经营的策略探讨	34	出版
29	关于我国手机传媒产业发展的研究	34	传播
31	大数据时代数字出版产业的发展趋势	33	出版
32	中国出版业“走出去”研究	32	出版
32	社会和谐与社会矛盾的辩证关系问题研究	32	哲学
34	基于 IP 产业链的出版立体开发路径与方法	31	出版
34	我国网络文学 IP 运营研究	31	文学
34	知识付费——以开放、共享、付费为核心的知识传播模式	31	信息产业经济； 传播
34	光学变色油墨在防伪包装印刷中的应用	31	印刷
38	微信营销，数字时代出版营销渠道探析	30	出版
38	我国 5 家上市出版企业社会责任报告案例分析	30	出版； 企业经济
38	印刷工业从内容印刷向功能印刷变革的新机遇	30	工业经济
41	浅析数字出版移动化转型中的变革与困境——基于移动图书出版发展现状的思考	29	出版
41	数字出版何去何从——2017 年数字出版研究综述	29	出版
41	试论文艺出版社的 IP 化经营之路	29	出版
41	3D 打印技术与产业的发展及前景分析	29	计算机技术
41	数字印刷图像质量检测与质量控制工程理论与应用研究	29	印刷
41	应用三层热防护服热传递改进模型的皮肤烧伤度预测	29	印刷
47	文学代理人的五大作用	28	出版
47	水性涂料中有机颜料的分散	28	化学工业

续表

排名	文章名称	下载次数（次）	所属类目
47	“信息与通信工程导论”课程在印刷包装工程专业中的教学改革研究	28	印刷；高等教育
50	北京数字出版业发展：现状问题与对策	27	出版
50	结构色纤维 / 面料的制备及其光学性质研究	27	化学工业
50	中国传统文化元素在儿童立体书中的设计与应用	27	艺术

注：文章所属类目的划分以中国知网中显示的分类号为参考。

将 TOP50 文章所属类目进行数量统计，可以发现出版类仍为最多数量，约占总体的 44%，具有明显的优势，排在第二位的是印刷类，占总体的 21%，说明北京印刷学院师生在下载文章时所关注的领域主要集中在出版与印刷，这也与北京印刷学院师生下载期刊的集中领域相一致。

此外，其他类目的文章数量集中在 1~3 篇，包括化学工业、工业经济、哲学、信息产业经济、文学、传播、艺术、新闻、物理、企业经济、计算机技术、高等教育等，具体见图 2.11。截至 2018 年 12 月，北京印刷学院设置了印刷工程、包装工程、高分子材料与工程、信息安全（数字版权保护）、计算机科学与技术、电子信息工程、物流工程、自动化、机械工程、视觉传达设计、绘画、工业设计、数字出版、编辑出版学、传播学（国际出版）、广告学、新闻学、物流管理、文化产业管理、财务管理、市场营销（出版营销）、信息管理与信息系统、数字媒体艺术、摄影、动画、数字媒体技术、网络与新媒体 27 个本科专业。

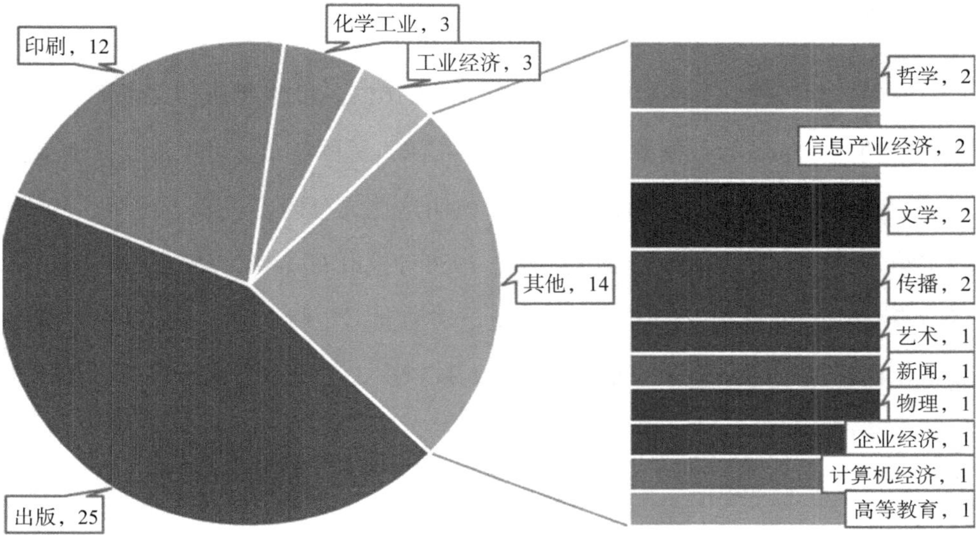

图 2.11　2013—2018 年中国知网除出版、印刷外的其他类目的下载情况

从文章的所属类目及学校的专业设置中可以看出，北京印刷学院师生在下载中国知网文章时与其所教（学）专业及课程有着很大关系，TOP50 文章的类目都可以在学校的专业中得到对应。且文章主要集中在出版和印刷这两个领域，说明北京印刷学院这两个专业的师生对中国知网使用率较高。

值得注意的是，工业经济类目下的 3 篇文章涉及印刷中的产业经济问题，信息产业经济类目下的 2 篇文章涉及出版、传播中的产业经济问题，可以看出北京印刷学院师生除了关注单一学科领域的研究外，也比较重视从交叉领域的角度研究该学科。

3. 历年文章下载次数 TOP50

使用数据可视化软件 BDP（个人版），以 2013—2018 年历年文章下载次数 TOP50 的文章标题为数据源，制作词云分布图，见图 2.12。可以看出，文章关键词主要集中在出版、印刷、数字等，说明这些文章内容也属于出版、印刷、数字等领域。因为北京印刷学院前身是 1958 年文化部所属文华学院的印刷系，1978 年经国务院批准，在印刷系基础上改建为北京印刷学院。所以印刷专业是北京印刷学院的历史悠久的专业，师生人数较多，该领域与内容产业、文化产业紧密度较高。

图 2.12　2013—2018 年历年文章下载次数 TOP50 的标题词云图

同时，北京印刷学院设有编辑出版学专业，是国家级特色专业，是高等院校中规模最大、招生人数最多、课程覆盖面最广的编辑出版学品牌专业。学校的数字出版专业是全国高校最早开设的数字出版专业，作为学校重点建设专业之一，在全国数字出版类本科专业中具有突出的表现。因此，学校的出版专业从教学水平、师生人数、学校重视程度上具有整体优势，这是关于出版内容的文章下载次数高的原因。

此外，北京印刷学院师生下载文章的题名关键词还集中在：中国、发展、转型、IP、企业、传媒、模式、版权、营销、社会矛盾等，由此可以窥见一些规律，即北京印刷学院师生更多关注的是我国学术研究情况，在社会转型期的大背景下也更注重各领域的主体转型问题，从关键词 IP 可以看出比较关注行业内的前沿概念与现象，宏观上比较注重与业界的联结，同样地，这种关键词分布也与 2013—2018 年文章下载总量 TOP50 的所属类目相符合，说明对于重点领域的关注是一个持续而不断累积的过程。

2013—2018 年历年文章下载量 TOP1 也可以说明一些问题。详见表 2.6。

表 2.6　2013—2018 年历年文章下载量 TOP1

年份	文章标题	作者单位	来源数据库	所属类目	下载次数（次）
2013 年	我国数字出版产业发展战略研究	南京大学	中国博士学位论文全文数据库	出版	55
2014 年	我国数字出版产业发展战略研究	南京大学	中国博士学位论文全文数据库	出版	97
2017 年	结构色成色机理与制备方法研究	复旦大学	中国博士学位论文全文数据库	物理	65

续表

年份	文章标题	作者单位	来源数据库	所属类目	下载次数
2018 年	社会矛盾的存在与和谐社会的构建	中山大学	中国学术期刊网络出版总库	哲学	38

四年下载量 TOP1 中包含 3 篇文章（2013 年与 2014 年相同），作者全部来自双一流大学，其中 2 篇文章为博士学位论文，说明该文章具有较高的学术水平，且 3 篇文章都是从非常宏观的层面进行研究，而不是从某一角度，体现出北京印刷学院师生在下载文献时比较看重文章的学术性与专业性，同时也需要从宏观上把握研究对象的文献材料，需要构建对于研究对象的整体框架。论文《我国数字出版产业发展战略研究》为 2013 年与 2014 年下载量 TOP1，文章解决的关键问题是对数字出版产业发展理论的本土化和专业化。数字出版是近年来我国出版行业内最为前端的一个概念，它是建立在计算机技术、通信技术、网络技术、流媒体技术、存储技术、显示技术等高新技术基础上，融合并超越了传统出版内容而发展起来的新兴出版产业。对于走在出版前沿的教师来说，数字出版是教师们需要征服的一块高地。对于北京印刷学院数字出版专业的学生来说，他们的所学内容没有现成的教材的，都是教师在自己研究的基础上整合业界的最新知识和信息授予的，且学生们在这个基础上还需要了解很多知识，这些知识只能靠自己去进行学习，所以这也使得此专业的师生使用图书馆数字资源的频率高于其他专业，对于数字出版文章的下载次数也连续两年成为 TOP1。

《结构色成色机理与制备方法研究》为 2017 年文章下载量 TOP1，该文章从研究生物体结构色的角度，指出其在光子结构的设计和制备方面呈现的启示，与北京印刷学院印刷专业有着紧密联系。《社会矛盾的存在与和谐社会的构建》

为 2018 年（1—9 月）文章下载量 TOP1，该文章就社会矛盾与社会和谐的关系问题展开了最为基础的阐释，其表述方式通俗易懂，容易理解与阅读。2016 年 12 月，学校决定在社科部的基础上组建马克思主义学院，经过两年的建设，马克思主义学院发展得更加完善与健全，同时，思想政治理论课为全校学生的必修科目，马克思主义中的矛盾学说是思想政治理论课的难点与重点，因此关于这方面内容的文章下载量会高。

2.1.4　读者使用习惯分析

1. 浏览方式

从中国学术期刊网络出版总库的后台数据中可知，读者在使用中国知网时的浏览方式有细览和知网节两种。细览是指读者在检索到文章后直接下载，或是浏览文章基本信息看是否符合需要再进行下载。知网节是知识网络节点的简称。知网节是指以一篇文献作为其节点文献，知识网络的内容包括节点文献的题录摘要和相关文献链接。题录摘要在显示节点文献题录信息的同时，也提供了到相关内容的链接。相关文献是与节点文献具有一定关系（如引证关系）的文献，知识节显示这些文献的篇名、出处，并提供到这些文献知网节的链接。知网节中的各项信息（包括题录摘要信息和相关文献信息）具有相应的链接意义或与节点文献的关系、研究功能和文献互动传播功能。链接意义说明了链接所指向的内容，研究功能说明了各项信息如何增强期刊的研究学习功能，文献互动传播功能描述了作者之间、期刊文献之间、读者之间的互动传播作用。

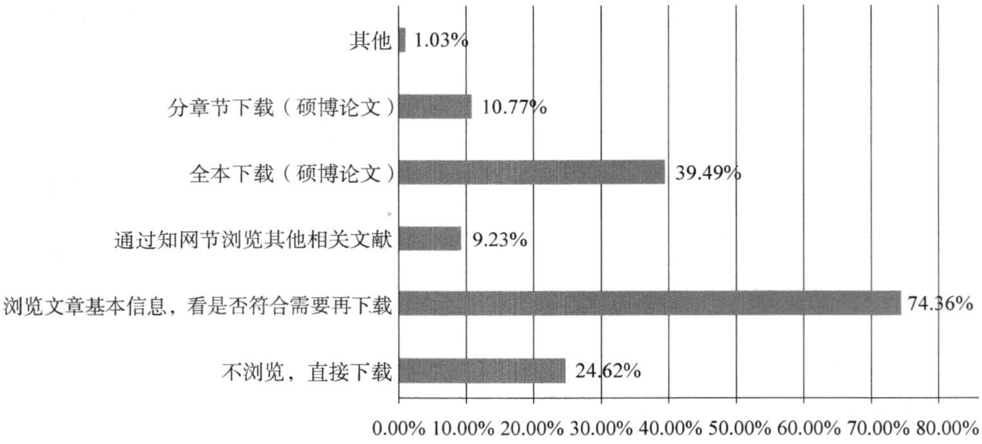

图 2.13　北京印刷学院师生使用中国知网资源的浏览方式统计

从图 2.13 中可以看出，接受统计研究的北京印刷学院师生中大部分读者选择使用细览的方式使用中国知网资源，体现了这种方式能够基本满足师生的下载文献需求，也说明师生在选择文献时有一定的针对性，这会有助于文献充分地为其所用，实现学术价值的最大化。但各文献之间的关联性较差，研究范围广泛而连贯性较差，不利于进行深入的文献综述与文献脉络梳理。选择“不浏览，直接下载”的人数比例接近 25%，说明有相当一部分的师生在选择文献时不浏览细节内容直接下载，这种情况可能会导致文献的针对性差，也可能会有部分下载文献使用价值不高而被闲置。只有很少一部分读者会使用知网节，说明北京印刷学院师生对知网节了解甚少且使用率不高。实际上，知网节能够形象展示特定文献与其他文献的互动关系，是深入挖掘文献背后联系的绝佳窗口，有助于读者对该研究领域的整体理解与把握，缺点是耗时较长，文献关联较多且复杂，不利于梳理。

2. 下载格式

中国知网的文章可以下载阅读也可以在线浏览，读者可以根据自己的情况进行选择。下载的格式主要是 PDF 格式和 CAJ 格式，最初知网只提供 CAJ 格式下载，必须安装专门的阅读器才能阅读，后来增加了 PDF 格式，方便了读者使用。

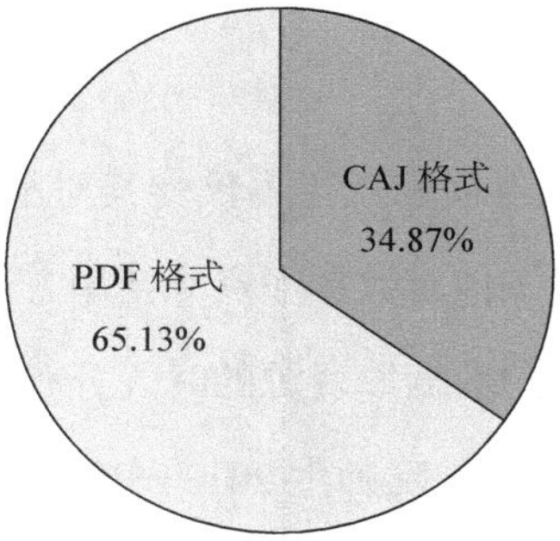

图 2.14　北京印刷学院师生使用中国知网的下载格式

从图 2.14 中可以看出，北京印刷学院师生对于文章的下载更倾向于 PDF 格式，这主要是因为 PDF 格式作为通用格式，兼容性好、使用方便，无须安装专门浏览器即可阅读，而读者下载 CAJ 格式论文则必须安装 CAJ 全文浏览器，该浏览器是中国知网自主开发的专用全文格式阅读器，它不像 PDF 那样普及，很多读者对它并不了解，且大多数读者不愿意进行阅读器的二次安装，导致选择使用这种下载方式的读者数量相对于使用 PDF 下载方式的读者数量来说要少得多。此外，图书馆未对其数字资源进行相应宣传或是对读者进行相关培训，使得读者对图书馆数字资源的使用方式不了解，只得在自行摸索中使用。

从另一个角度看，下载CAJ格式的读者也占据一定比例，这主要是因为知网上的硕博学术论文只提供CAJ格式的下载，而硕博学术论文又是知网学术文献中的重要组成部分，在表2.1中体现出中国优秀硕士学位论文全文数据库与中国博士学位论文全文数据库是北京印刷学院师生经常使用的两个数据库，因此也有相当一部分读者选择下载CAJ格式。

3. 使用时段

读者使用数据库资源的习惯和规律不仅受其对不同数据库资源的喜好程度、上网条件等的影响，还反映了他对数据库资源使用方法和技巧的了解程度。通过统计数据分析，了解读者使用数据库资源的时段分布规律，有利于更好地为读者提供服务。图2.15是北京印刷学院师生2013—2018年使用中国知网每月下载量统计情况（由于后台数据所限，2016年数据缺失，2018年数据只统计到9月份）。

从整体情况来看，读者使用知网有明显的时间特征，即在每年的2月、7月、8月为使用低点，而在1月、3月、5月、12月等使用率较高。这与高校的教学科研节奏密切相关。在使用的几个高峰月份都是各类项目申报的时间，如国家社科基金项目申报时间一般为12月底至第二年3月初，国家自然科学基金申报时间为3月份，教育部人文项目申报时间为1—3月、北京市教委项目申报时间在3月份左右，项目申报对中国知网上的数据库资源也有一定程度的需求。5月前后正是学生一学期课程接近结束的时间，学生需要完成论文的写作或课程大作业，所以对于数据库资源的需求是相当大的，需要从中国知网上下载相关资料。同时，5月、12月分别是夏季、冬季毕业生进行毕业论文写作的集中时段，同样需要大量的文献搜索与阅读。

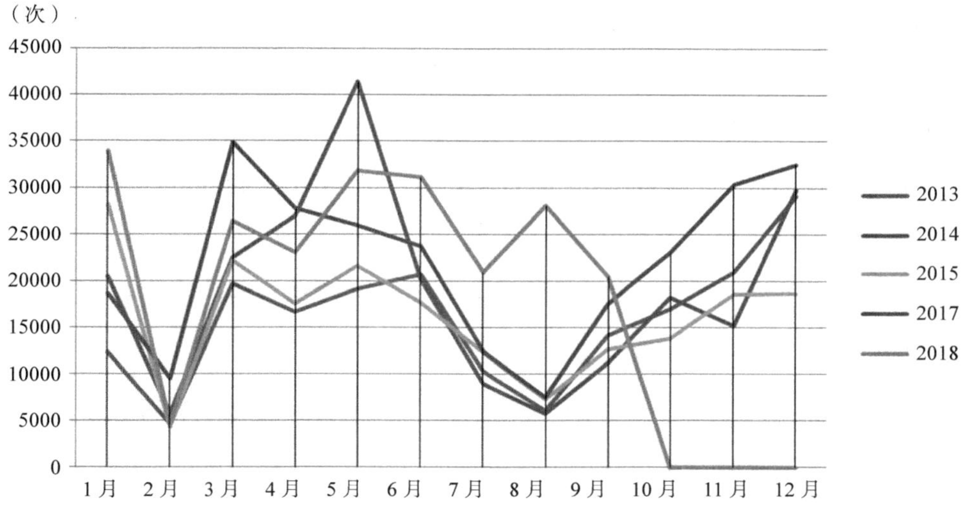

图 2.15　2013—2018 年各月份下载数据统计

中国知网的使用低谷月份为 2 月、7 月、8 月。2 月这段时间为学校寒暑假时期，学校师生数量减少，教学任务比较轻松，对于文献的需求量减少，因此出现低点。而每年 7 月上旬学校处于学期结束阶段，课程作业较多，而下旬至 9 月初处于暑假期间，因此同为低点，但 7 月知网使用量比 8 月稍高。

从特殊月份来看，2014 年 5 月论文下载量激增，成为全年下载量最高的月份，也远远超出其他年份的同期下载量。下载次数在 10 次及以上的文章有 8 篇，分别为《数字出版营销渠道分析》（20 次）、《我国数字出版产业发展战略研究》（18 次）、《互联网金融对传统金融业的影响》（14 次）、《微信营销，数字时代出版营销渠道探析》（13 次）、《出版业微信营销研究》（11 次）、《科学对技术的长线支撑不容忽视》（11 次）、《数字出版商业模式研究》（10 次）、《试析数字出版营销的战略创新》(10 次)。在这 8 篇文章中，关于数字出版的有 4 篇，关于微信的有两篇，可以看出这一阶段北京印刷学院师生对数字、网络、新媒体等领域的关注。2014—2015 年中国本科教育数字出版专业大学竞争力排行榜中，北京印刷学院排名第二，反映了 2014 年学校数字出版专业取得的良好成绩；2014 年也被称为微信元年，截至 2014 年 5 月，中国微信用户超过 5 亿，意味着有一半以上的手机用户加入了微信群体，微信成为当年炙手可热的研究重点，因此关于微信的文章的下载次数比较高。

2018 年 8 月的文章下载量与往年同期相比也有十分明显的不同，打破了以往的低谷规律，在数量上呈现巨大优势。通过对该月文章下载篇目的分析可以看出，出现次数较多的标题分别为《观点摘要》《动态集锦》《传媒链接》《动态集装箱》《新书推荐站》等，下载次数均在 70 次以上，而这些标题从严格意义上说并不是具体某一篇文章，而是《出版参考》期刊中的栏目名称，因此无法从文章的对其进行具体分析。联系前文得知，《出版参考》期刊在 2018 年下载量猛增，也与其栏目下载量的增多有关。

此外，2014 年整体折线稍高于 2013 年，且基本呈现逐年增长趋势，2018 年折线整体位置最高，说明北京印刷学院师生对于中国知网的利用率在不断提高。

总之，读者对于数据库资源的使用已经不仅仅局限于有目的地阅读或下载，在非考试月等时段也有对数据库资源的使用。一方面，不同月份使用率的不同数据体现了读者使用图书馆数据库资源的目的；另一方面，也可以看出读者对于图书馆数据库资源的使用已相当广泛，这种资料获取方式也已经成为读者获取学习研究资料的重要途径，并得到了广泛的认可。

2.2　高校师生专业期刊数字化阅读的影响因素

根据 2.1 部分对北京印刷学院师生使用中国知网的数据分析，得出北京印刷学院专业期刊数字化阅读的相关情况，对推测高校专业期刊数字化阅读的影响因素，具有一定的普适意义。

2.2.1　文献资料的学术水平

从上文对中国知网数据库的使用情况分析，可以看出北京印刷学院师生更加看重文献资料的学术水平，如相较于篇幅较短、叙述浅显的报纸全文数据库，北京印刷学院师生更偏重于选择研究内容专业而深刻的博士学位论文数据库；相较于普通期刊，北京印刷学院师生更偏重于选择级别较高的核心期刊等。由此可以推测其他高校也存在这种现象，文献资料的学术水平是高校师生进行专业期刊数字化阅读的重要影响因素之一。高校师生下载专业期刊及文章时，其使用目的是通过阅读文献获得对研究对象的初步了解，并做好前期文献综述的基础性工作，提高自己的学术水平。而下载与阅读学术水平较高的文献资料有助于实现上述目标。

2.2.2　高校的学科发展、专业与课程设置

从上文对中国知网期刊与文章的下载情况分析，可以看出下载量位居前列

的期刊与北京印刷学院的专业设置有着高度重合，频频出现的“出版”“印刷”等关键词，与学校的优势、重点专业相一致，符合学校建设特色专业的发展目标，而学校的其他专业，如艺术、经管等，也在文章下载TOP50中有所显示。由此推测，其他高校同样存在该规律。对任何高校来说，其优势专业作为重点发展方向，不论从师资力量、社会平台、教学水平、学生质量来说都与其他专业相比有明显优势，因此在使用中国知网时更加倾向于这些学科领域，而对于普通专业来说，师生为满足日常教学科研的需求，也会查询相关学科文献，所以高校专业与课程设置基本可以与专业期刊下载方向相对应，也就是说高校的学科发展、专业与课程设置影响着高校师生对专业期刊与文章的下载行为。

2.2.3 高校教学科研的时间安排

从上文对读者阅读习惯的分析，可以看出读者使用中国知网的时间分布规律，与北京印刷学院的教学科研节奏密切相关，此规律也适用于其他高校。因为各高校的学期安排与科研项目申报时间大致相同，在教学科研集中期，对学术文献的需求量大，在中国知网的下载次数多；在寒暑假期间，教学科研任务相对轻松，在中国知网的下载次数少。高校师生使用中国知网的时间分布规律，也提示了高校在教学科研方面的时间特点，说明大部分高校师生对于专业期刊的数字化阅读具有明确的目的性与实用性，是为了解决当下现实中的学术问题，具有即时、短暂的特点，但每个学期、每个学年所体现出来的又是定期、持续的学术研究。

2.3　高校专业类期刊数字资源建设的启示

2.3.1　把数据库的使用率作为购买数据库的参考

从后台数据可以得知，北京印刷学院共订购数据分库 72 个，其中，使用率最高的 5 个分库占到使用总次数的 30.8%。在北京印刷学院图书馆的各类数字资源中，中文数据库读者使用率较高的是中国知网和万方数据，使用率较低的是道琼斯财经资讯、新华社专供信息、全国文化信息共享工程和大学生就业能力提升网络课程资源库。外文数据库读者使用率较高的是 SCI 和国家科技图书文献中心（NSTL），使用率较低的是 ACM 和 Wilson Art Full Text。

通过对数据库使用率的调研，可以了解到哪些数据库使用的人多，哪些数据库使用的人少，这些信息可作为购买数据库的参考依据。使用率高的说明买得适用合理，可继续购买；使用率过低的第二年可以剔除，说明订购的数据库跟高校师生的需求有偏差，不够实用。高校图书馆在购买数字资源前可以通过书面或在线调查等方式了解不同专业层次的师生对数字资源的需求情况，或是每个数据库在购买之前能和供应商协商试用一段时间，观察数据库在试用期间的使用率高低，增强数字资源购买的针对性，提高图书馆数字资源利用率，避免数字资源购买的盲目性。当然，在数据库试用期间，图书馆对试用数据库的广泛宣传是必不可少的，让更多的读者了解数据库并来使用数据库，这是图书馆必须努力做到的。

2.3.2 加强数字资源整合、优化，实现统一检索

由于北京印刷学院图书馆的各数据库的检索平台不统一，读者每使用一种数据库，都必须重新进入和使用与前面不同的检索系统和浏览器，文献下载后还必须安装相应的阅读器才能阅读，这样的话，读者使用起来非常不方便。读者要想在没有专用浏览器或看图软件的计算机中阅读或打开下载的文献，只能是下载后一页一页地进行图文转换，这会使读者感到麻烦而不愿使用，同时也增加了读者的学习使用成本。

图书馆的数字资源多为专业期刊的学术文献数据库，搜索内容有一定的集中性，可以就同一领域进行数字资源整合与优化。数字资源优化是指对图书馆的数字资源进行有效整合，从而使数字资源及各项服务功能发挥最大的效用，同时也使用户的信息需求得到最大限度的满足，优化数字资源的标准是信息资源利用效益的最大化。数字资源重复建设，不同的数据库之间的内容交叉、重复严重影响了用户对信息的选择与获取。图书馆需要对数字资源进行系统的组织与梳理，提供统一的入口和定位，以一个统一的检索系统和用户界面，实现读者单一的检索表达，真正实现“一站式”的服务，从而有效地提高数字资源的利用率。

2.3.3 增设数字资源使用的选修课，提高文献检索能力

北京印刷学院师生搜索中国知网的文献资料时通常使用默认检索选项，对高级检索的利用率低，对知网节这种浏览方式的认可度低，对中国知网的其他

功能使用并不熟悉。在问卷调查中，有 18.41% 的受访者从未使用过中国知网，其中有 86.36% 的人表示，是因为自己不了解中国知网资源，说明部分师生对于图书馆数字资源的了解程度亟需提高。而北京印刷学院师生对图书馆各数据库利用率差别较大，也可能存在着由于对数据库资源不了解而不去使用的可能。开设数字资源使用的选修课，对学校图书馆的各种数据库资源进行介绍，教授检索文献与高级检索的使用方法，有助于提高学生的文献检索能力，能够帮助学生进行文献综述与论文写作，进一步提高科研水平与学术成就，是充分实现图书馆数字资源的一种有效尝试。目前，学校图书馆已进行针对新生的数字资源使用讲解，但由于新生的专业学习还没有开始，对数字资源的使用没有深刻认识，待后续开展专业学习时有些内容可能已经忘记。也有部分专业在开设的专业课程中进行了相关内容的讲解，但从后续数字资源的使用情况来看，效果并不明显，因此，应着重努力提升文献检索能力的培养，以使数字资源得到充分利用。

第 3 章　大众类期刊数据库数字化阅读研究

本章以 2014—2018 年北京印刷学院访问龙源电子期刊阅览室可获得的数据作为研究依据，同时以调查问卷数据作为参考依据，从四个方面分析学校师生对龙源电子期刊阅览室的使用情况，归纳出高校师生大众类期刊数字化阅读的影响因素，并从中得出高校大众类期刊数字资源建设的相关启示。

3.1　北京印刷学院师生使用龙源电子期刊阅览室的数据分析

3.1.1　总体使用情况分析

龙源提供了三种版本的阅读，即 WEB 版、WAP 版与 APP 版。WEB 版是指通过计算机浏览器登录龙源电子期刊阅览室的版本，WAP 版是指通过手机浏览器登录阅览室的版本，APP 版是指龙源期刊的移动端应用程序“优阅”。在北京印刷学院图书馆的龙源电子期刊阅览室进入界面，显示了龙源 APP 使用说明，但通过手机下载 APP 后发现，学校并未订购相关资源，显示“您当前访问的站点已不在服务有效期内”，同时在龙源后台也无 APP 版的数据记录，因此在本书中，APP 版数据不纳入考虑范围。

2014—2018 年，WEB 版和 WAP 版的使用情况见图 3.1 和图 3.2。访问人数的记录原则是断开访问即算一次，浏览次数的记录原则是点击期刊即算一次，下载次数的记录原则是点击期刊的文章标题链接即算一次，也可以看作是对于文章的阅读次数。图 3.1、图 3.2 中的数据均为原始数据（即包含因网络问题重复登录或点击的无效数据）。

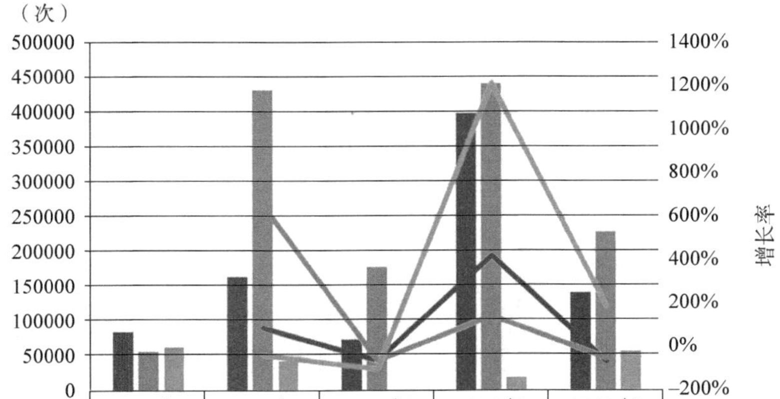

	2014 年	2015 年	2016 年	2017 年	2018 年
访问人数（人）	86909	166746	75502	400779	142488
浏览次数（次）	57231	433924	179998	443481	229832
下载次数（次）	63629	43176	1514	19979	58337
访问人数增长率		92%	−55%	431%	−64%
浏览次数增长率		658%	−59%	146%	−48%
下载次数增长率		−32%	−96%	1220%	192%

图 3.1　2014—2018 年龙源电子期刊阅览室 WEB 版访问情况

图 3.1 为 2014—2018 年龙源电子期刊阅览室 WEB 版访问情况。从年份变化来看，访问人数除 2017 年猛增之外，其余年份波动不大；浏览次数呈现交错起伏、整体上升的趋势，2015 年与 2017 年为高峰点，2014 年、2016 年与 2018 年为低谷点，而 2018 年高于 2014 年与 2016 年两个低谷点；下载次数在 2015 年与 2016 年呈下降趋势，近两年略有上升。从各项使用数据来看，整体趋势是浏览次数 > 访问人数 > 下载次数，说明同一读者在登录龙源阅览室后，会浏览多期期刊，而查看较少的文章内容。

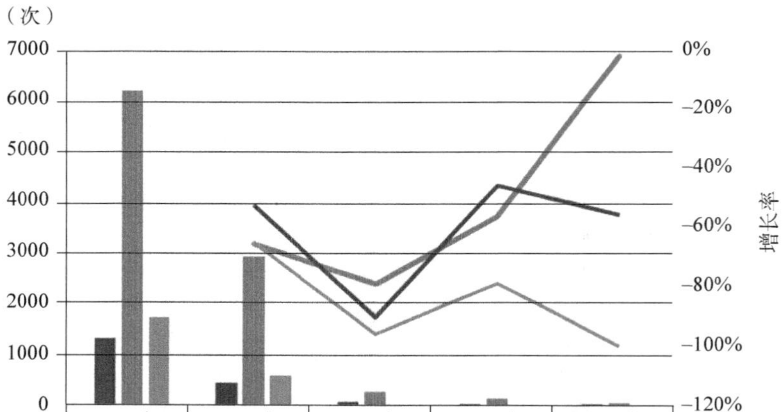

	2014 年	2015 年	2016 年	2017 年	2018 年
访问人数（人）	1321	448	93	40	39
浏览次数（次）	6168	2895	278	149	65
下载次数（次）	1719	593	24	5	0
访问人数增长率		–66%	–79%	–57%	–3%
浏览次数增长率		–53%	–90%	–46%	–56%
下载次数增长率		–66%	–96%	–79%	–100%

图 3.2　2014—2018 年龙源电子期刊阅览室 WAP 版访问情况

从各类数据的增长情况来看，总体上增长率有较大波动，其中波动最大的是下载次数。由于图中使用的是原始数据，未经过清洗与筛选，因此数据存在较大差异，波动也比较明显。

图 3.2 为 2014—2018 年龙源电子期刊阅览室 WAP 版访问情况。从总数上看，不论是访问人数、浏览次数还是下载次数，都呈现逐年递减趋势且数值均偏小，说明北京印刷学院师生对 WAP 版的使用率并不高；在历年使用数据中，浏览次数 > 访问人数 > 下载次数，与 WEB 版情况相同，此外访问人数、浏览次数、下载次数的比例大致为 1 ∶ 4 ∶ 1，大体反映出每位读者大概会浏览 4 期期刊，但仅阅读 1 篇文章，说明期刊本身对于读者的吸引力远超过文章内容。

从图 3.3 的数据可以看出，WEB 版各项使用数据都远远超过 WAP 版，且差值的线性趋势呈上升状态，预计未来的差距将逐年扩大，说明 WEB 版是阅读主流，WAP 版少有人问津。随着智能手机的普及，人们在移动设备上更倾向于选择安装并使用 APP 客户端，而不是访问 WAP 手机网页，同时通过对 WAP 版的使用可以发现，该网址已经搜索不出任何期刊，文章也只有寥寥 3 篇，推测该站点已经有一段时间不再更新内容与运营维护。

从 2014—2018 年的总量及每月下载数据看，龙源的有效阅读量并不大，如图 3.4 所示。从 2015 年 1—7 月的下载数据，推测 2015 年全年总量为 25656 次，所以从 2014—2017 年阅读量逐年递减，而 2018 年则上升至近 4 万，说明 2018 年北京印刷学院师生对于龙源电子期刊阅览室的阅读情况有所改善，使用率提高。对其原因的探求，将在下文结合具体期刊与文章阅读情况进行有针对性的分析。

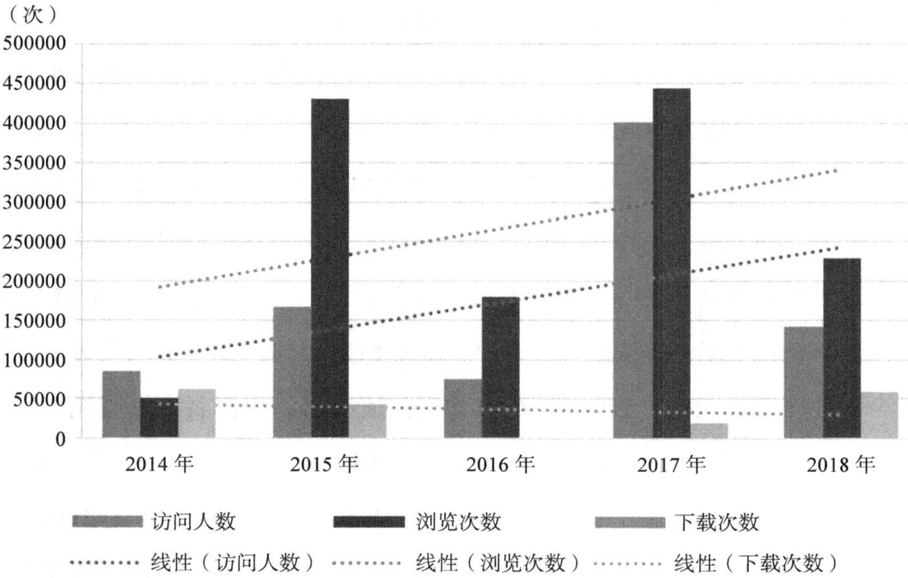

图 3.3　2014—2018 年龙源电子期刊阅览室 WEB 版与 WAP 版使用数据差值

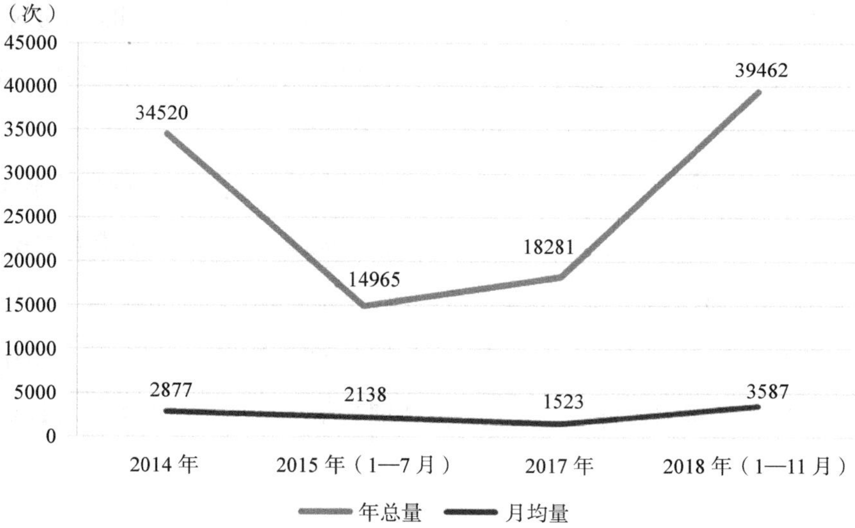

图 3.4　2014—2018 年下载情况（排除冗余数据）

3.1.2　期刊阅读情况分析

龙源电子期刊阅览室后台记录了 2017—2018 年期刊阅读量排行 TOP100，对两年的排行数据进行整合，得出两年期刊阅读总量的 TOP100，共 112 种期刊，据此对期刊阅读情况进行如下分析。

1. 期刊阅读总量 TOP100

从图 3.5 中可以看出，北京印刷学院师生对期刊的阅读十分分散，有 2 种期刊具有巨大的数量优势，阅读量在 500 以上的期刊仅有 9 种，阅读量在 10 以下的期刊有 43 种。而龙源电子期刊阅览室提供 4850 种期刊，说明有接近 98% 的期刊阅读量为 1 甚至无人阅读，阅读分布不均体现北京印刷学院师生在选择大众类期刊进行阅读时具有明显的倾向性，而这种倾向也暗示了其阅读目的与阅读需求。

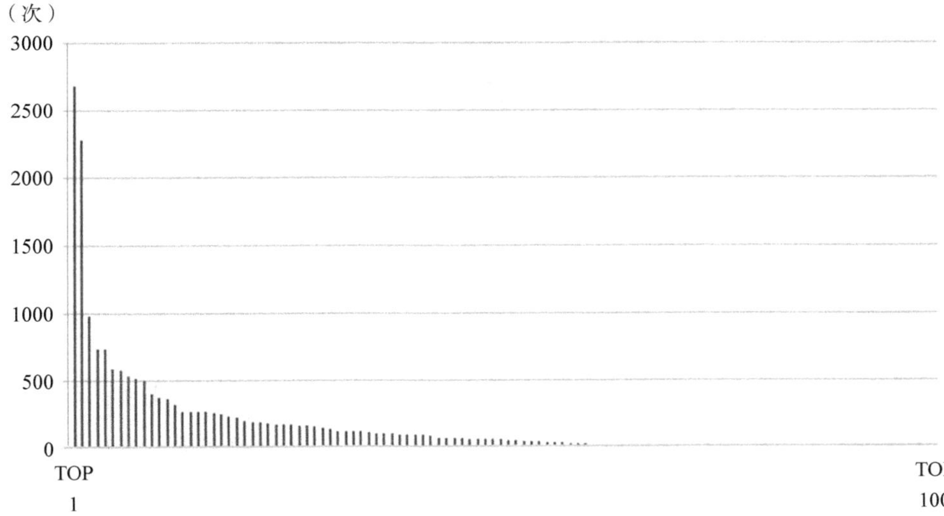

图 3.5　2017—2018 年期刊阅读量 TOP100

读者的阅读目的与阅读需求可以结合期刊的类别考虑，图 3.6 是期刊阅读量 TOP100 的类别分布，按照龙源电子期刊阅览室后台期刊清单的分类，将期刊分为健康生活、文化艺术、教育教学、经济法律、科技科普、社科历史、管理财经、时政新闻、文学文摘 9 类，可以看到 TOP100 期刊在 9 种类别中均有涉及，但比例呈现出较大差别，体现了受众不同的阅读目的与阅读需求。

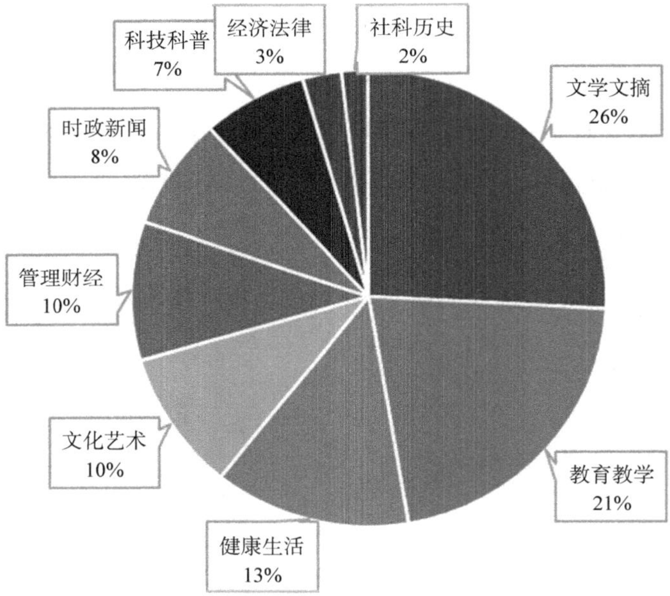

图 3.6　期刊阅读量 TOP100 的类别分布

首先，受众的阅读需求主要集中于文学文摘、教育教学、健康生活等相关内容，满足了其放松休憩与获取信息的阅读目的。通过对期刊进行具体分析发现，在 TOP100 中，有关文学文摘、教育教学、健康生活等内容的期刊阅读量相对来说很大，排名也较为靠前，如《故事会》《民间故事选刊 · 上》《视野》等文学文摘类期刊，《故事作文 · 低年级》《英语学习》《世界教育信息》等教育教学类期刊，《新体育》《南都娱乐周刊》《家庭医药 · 快乐养生》等健康生活类期刊。其中，文学文摘与教育教学的数量优势突出，二者占据接近一半的期刊 TOP100。这三类期刊都贴近日常生活，文学文摘与健康生活类期刊可以使读者在阅读中得到放松与愉悦，教育教学类期刊可以使读者获取教育相关信息，有助于教育水平的提高。

其次，受众对于部分小众、专业类期刊的阅读需求集中于科技科普类、经济法律类、社科历史类等，这些读物能够满足其拓展视野的阅读目的。通过分析还发现，期刊 TOP100 中，不再是大众期刊独领风骚，一些小众专业类期刊的阅读量也是可圈可点的，如科技科普类期刊《轻兵器》、经济法律类期刊《WTO 经济导刊》、社科历史类期刊《ISTP》等。三类期刊的阅读量总和占据了总阅读量的 10% 以上，说明有相当一部分的小众类期刊也能收获读者阅读，而这三类期刊的学科专业性较强，可以满足读者拓展视野的阅读目的。这也印证了以下看法：传统传播具有大众性特点，网络传播具有小众性特点，而期刊的网络传播兼具传统期刊传播与网络传播的双重属性，使其不再分庭而立，而是相互融合，各取所需。

2. 期刊阅读总量 TOP10

根据龙源提供的期刊清单，我们针对 2017—2018 年北京印刷学院访问龙源的 TOP10 期刊进行了阅读次数与类别的直观呈现，见表 3.1。

表 3.1　期刊阅读总量 TOP10

序号	刊名	阅读次数（次）	类别
1	故事会	2686	文学文摘
2	今日文摘	2281	文学文摘
3	思维与智慧・下半月	978	文学文摘
4	上海故事	734	文学文摘
5	新民周刊	733	时政新闻
6	意林原创版	587	文学文摘
7	故事作文・低年级	577	教育教学
8	作文通讯・初中版	530	教育教学
9	作文通讯・高中版	510	教育教学
10	文学教育	494	教育教学

表 3.1 显示了在 TOP10 期刊中，文学文摘类有 5 种，且均进入了阅读量前六名，其中《故事会》《今日文摘》的阅读量遥遥领先，是排名第三的《思维与智慧・下半月》阅读量的两倍多，说明即使在同一类杂志中，也会因各种原因而导致阅读量出现较大差异。文学文摘类杂志内容轻松鲜活、语言通俗易懂，能够满足读者休闲娱乐的阅读需求，而《故事会》与《今日文摘》作为国民杂志，是文学文摘类杂志中的佼佼者，其受众基数大、传阅度广，国民认可度高，兼收并蓄各类民间故事和外国故事，因此阅读量优势明显。

教育教学类期刊有 4 种，其阅读数量十分接近，均为 500 次左右，并且 4 种期刊也与文学相关，这与受众群体的身份是吻合的。不管是高校教师还是学生，对写作的关注度都很高，写作始终贯穿着大家日常生活的。从期刊名称上可以看出，作文教育覆盖了从小学到初中、高中的各教育阶段；排名第十的《文学教育》是国家级文学类教育类的理论刊物，主要栏目有：《名师高论》《文学教法》《文章写法》《文学美学》《硕士论坛》等，该杂志是对文学教育的理论探讨。由此可以推测，教育教学类期刊的读者大部分为教师，中小学作文的期刊阅读很可能来自于教师的子女教育，进而得出在学校中，作为少数的教师群体对龙源电子期刊阅览室的利用率较高。

《新民周刊》是目前我国国内报刊零售和自费订阅市场上发行量最大的时政类周刊，也是上海第一份综合性新闻周刊，其高质量的内容与庞大的读者基数使其成为唯一入榜的时政新闻类期刊。

从图 3.7 中我们可以清晰地看到，期刊阅读量 TOP10 集中在三个类别，分别是文学文摘、教育教学与时政新闻，这三个期刊类别是师生阅读的核心期刊，有可能在未来几年，其关注度仍会是上升的趋势。其中，文学文摘类期刊阅读次数最多，达到 7266 次，是排在第二位教育教学类期刊的 4 倍多，是排在第三位时政新闻类期刊的 10 倍左右，数量优势十分明显，体现了即使在阅读量 TOP10 期刊中，读者所阅读的期刊类别也各有其特色。

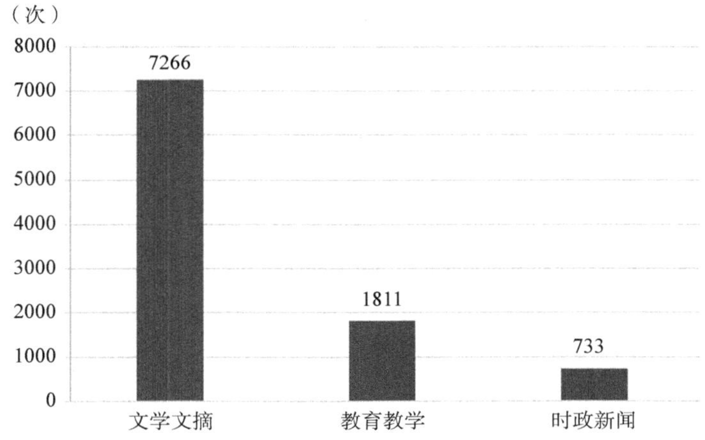

图 3.7　期刊阅读量 TOP10 所属类别的阅读次数

3. 历年期刊阅读量 TOP10

本文分别对 2017 年、2018 年的数据进行了具体的分析，对每一年的期刊阅读次数进行筛选，得出了 2017—2018 年历年期刊阅读量 TOP10，见表 3.2。

对历年 TOP10 期刊进行分析，可以清晰地看出如下四个特点。

（1）阅读分散性大，重复期刊阅读量较小

对这两年的数据进行整体的分析，研究发现有 4 种期刊 2 次上榜，分别是《故事会》《今日文摘》《上海故事》《思维与智慧・下半月》。这 4 种期刊的共同特点是：期刊品牌价值较高，读者的阅读范围较广，阅读分散性较大。大众类期刊阅读的个性化倾向及多元取向导致期刊的阅读也较为分散，难以形成固定的核心阅读期刊。

（2）阅读次数变化较明显，期刊阅读量呈现两种不同走势

在 4 种上榜 2 次的期刊中，并不是稳定地排在相应的名次，各有上升和下降。其中 3 种阅读量增加，呈现上升趋势，分别是《故事会》《今日文摘》与《上海故事》。值得注意的是，虽然《今日文摘》阅读量增加，但名次却下降了 1 名。《思维与智慧・下半月》阅读量递减，从中可以看出，读者对于大众类内容的阅读需求变化较大，从而导致期刊受关注度的不同。

表 3.2　2017—2018 年期刊阅读量 TOP10

2017 年				2018 年				
刊名	类别	阅读次数（次）	当年排名	刊名	类别	阅读次数（次）	当年排名	排名变动
今日文摘	文学文摘	1034	1	故事会	文学文摘	1886	1	↑ 1
故事会	文学文摘	800	2	今日文摘	文学文摘	1247	2	↓ 1
意林原创版 · 讲述	文学文摘	587	3	新民周刊	时政新闻	733	3	首次出现
思维与智慧 · 下半月	文学文摘	407	4	上海故事	文学文摘	645	4	↑ 3
民间故事选刊 · 上	文学文摘	364	5	故事作文 · 低年级	教育教学	577	5	首次出现
晚晴	文学文摘	198	6	思维与智慧 · 下半月	文学文摘	571	6	↓ 2
上海故事	文学文摘	89	7	作文通讯 · 初中版	教育教学	530	7	首次出现
家庭医药 · 快乐养生	健康生活	80	8	作文通讯 · 高中版	教育教学	510	8	首次出现
视野	文学文摘	80	9	文学教育	教育教学	494	9	首次出现
文苑	文学文摘	45	10	轻兵器	科技科普	399	10	首次出现

（3）期刊类别呈现两种不同的走势

从表 3.2 中可以看出，2017 年期刊 TOP10 中有 9 种期刊都是文学文摘类，占据了非常大的比重，另一种类别是健康生活类。而 2018 年期刊 TOP10 中类别发生了变化，由 2 种上升为 4 种，增加了教育教学类、时政新闻类与科技科普类。两年中，文学文摘类与健康生活类的期刊阅读量呈现下降趋势，而教育教学类、时政新闻类与科技科普类的阅读量却是上升趋势。

（4）受众阅读需求变化不一

通过分析发现，每一年师生的阅读需求都是不一样的。如 2017 年，大家侧重于阅读文学文摘类的期刊；而到了 2018 年，教育教学类期刊成为受众的“新宠”，同时，高校师生的关注点又集中于时政新闻类与科技科普类期刊。受众阅读需求的变化受很多因素影响，如自身阅读目的的变化，社会潮流的变化，期刊自身质量的变化等。而通过这两年阅读需求的变化，我们也得到一个启示，即每一类期刊都有自身独特的竞争力，受不同因素的影响，任何一类期刊都可以成为网络上的畅销品。

3.1.3　文章阅读情况分析

通过龙源电子期刊阅览室后台数据的汇总与筛选，选择 2014—2018 年（由于后台原因 2015 年 8—12 月与 2016 年数据丢失）阅读量较高的文章进行分析。

1. 文章阅读总量 TOP20

从表 3.3 中可以看出四年来文章阅读总量 TOP20 的分布特征。

首先，文章与栏目同时存在。20 篇文章中，有 11 篇从严格意义上说并不是单篇文章，而是期刊的栏目，如《读者》的“漫画与幽默”“言论”等栏目，类似栏目出现数占据超过一半的比例。这些栏目的特点是文字量少，语言表达生动活泼，适合读者碎片化阅读。

表 3.3　2014—2018 年文章阅读总量 TOP20

标题	刊名	年份期号	下载次数
奥巴马被“自拍”狠摆一道	看天下	2013(35)	461
漫画与幽默	读者	2018(1)	135
言论	读者	2018(1)	106
移植联想一键还原	电脑爱好者	2013(23)	85
言论	读者	2017(1)	77
漫画与幽默	读者	2017(1)	69
幽默	做人与处世	2016(17)	55
浅谈幼儿园科学探索活动中教师的思考	新课程・上旬	2013(8)	51
“自媒体”传播形态对大众媒介传播的影响	现代企业文化・理论版	2009(19)	50
网民的互联网价值研究	现代企业文化・理论版	2009(19)	44
单独中的洞见	读者・校园版	2016(21)	40
模糊数学在农田捡石机带传动设计中的应用	现代企业文化・理论版	2009(19)	39
趣图	读者・校园版	2016(21)	37
浅析如何激发高职学生英语学习兴趣	现代企业文化・理论版	2009(19)	37
致树洞先生	意林・作文素材	2017(8)	36
许愿池	意林・作文素材	2017(8)	36
鲁智深带团队	读书文摘・经典	2018(4)	31
计算机多媒体课件在职业技能培训中的制作与应用	现代企业文化・理论版	2009(19)	31
智趣	读者	2017(1)	30
小编絮语	读者・校园版	2016(21)	28

其次，出现学术性较强的文章。如《现代企业文化·理论版》（2009 年）的《“自媒体”传播形态对大众媒介传播的影响》《浅析如何激发高职学生英语学习兴趣》等文章，在 TOP20 中共计有 6 篇，这些文章主要表现为学术性强、其中 4 篇均出自于同一期刊的同一期中，据此推测可能是北京印刷学院师生对

《现代企业文化·理论版》2009年第19期的整体阅读量高，进而导致该期单篇文章阅读量的走高。由此也折射出，尽管龙源期刊主打大众类期刊，但在高校数字化阅读的环境中，也存在通过该平台查询专业类期刊的情况。

再次，标题吸引读者阅读。通过对剩余3篇文章的标题分析，可以看出《奥巴马被“自拍”狠摆一道》《鲁智深带团队》《移植联想一键还原》等标题具有新意，易引发读者好奇心，进而促使读者进行阅读。

最后，大部分单篇文章的阅读量小且分散。对四年的数据进行汇总发现，文章的阅读量超过50次的仅有8篇，这个阅读量非常小。而对四年全部文章阅读数据的筛选，只阅读1次的文章有68324篇，占据了总数据的63.7%，很明显，单篇文章的阅读量异常分散。

2. 历年文章阅读量 TOP20

（1）2014年文章阅读量TOP20

如表3.4所示，2014年北京印刷学院师生通过龙源电子期刊阅览室阅读文章，大多来自《现代企业文化·理论版》与《看历史》两本期刊，文章内容集中在学术理论研究与历史地理文化等方面，人文色彩较浓。TOP1文章为《奥巴马被“自拍”狠摆一道》，该文章描写了当时在任的美国总统奥巴马关于自拍而被媒体误会的轶事，趣味性、可读性强。

表 3.4　2014 年文章阅读量 TOP20

文章标题	刊名	阅读量
奥巴马被“自拍”狠摆一道	看天下	461
移植联想一键还原	电脑爱好者	85
浅谈幼儿园科学探索活动中教师的思考	新课程・上旬	51
“自媒体”传播形态对大众媒介传播的影响	现代企业文化・理论版	50
网民的互联网价值研究	现代企业文化・理论版	44
模糊数学在农田捡石机带传动设计中的应用	现代企业文化・理论版	39
浅析如何激发高职学生英语学习兴趣	现代企业文化・理论版	37
计算机多媒体课件在职业技能培训中的制作与应用	现代企业文化・理论版	31
浅谈英语学习中的记忆创新	现代企业文化・理论版	26
条条大路通罗马（一）	看历史	24
贤君时代	看历史	23
条条大路通罗马（二）	看历史	23
从“夫妻吵架”到“制度建设”	看历史	23
寻找“罗马成功学”	看历史	20
历史的传承	看历史	18
历史一问一答	看历史	17
盐野七生：为什么“宽容”对罗马人很重要	看历史	15
“奇异之花”弗里达・卡罗	看历史	15
“孤独天才”约翰・纳什	看历史	15
和	看历史	14
日本少年漫画：热血青春 60 年	看历史	14

（2）2015 年文章阅读量 TOP20

因 2015 年 8—12 月文章阅读数据丢失，表 3.5 只体现了 1—7 月的阅读情况。2015 年文章阅读量 TOP20 共有 38 篇文章，其中，有 23 篇文章的阅读量为 5，因此为并列排名。一方面，从 TOP20 整体阅读量来看，均低于 2014 年 TOP20，仅为 2014 年的 22%，从半年数据推测全年数据可知，即使是 2015 年全年阅读数据也将远远低于 2014 年的 TOP20。另一方面，上榜文章的期刊来源较之2014 年更加丰富多样，没有出现像2014 年过度集中在某两个期刊的情况，说明北京印刷学院师生的阅读选择更加广泛。在 38 篇文章中，有 12 篇涉及“幽默”“笑话”“段子”等，约占 30%，说明北京印刷学院师生的阅读重点发生了转移，从人文色彩较浓的社科学术、地理历史变为轻松娱乐的休闲类阅读。

表 3.5　2015 年文章阅读量 TOP20

文章标题	刊名	阅读量（次）
名人幽默	科普画王・魔力双语	15
校园幽默	少年大世界・C 版	12
声音	出版人	10
财政税收工作存在的问题及深化改革建议	中国集体经济	10
面孔	初中生世界・八年级	9
晚年	北京文学・中篇小说月报	8
史海一叶	华夏关注	8
幽默小故事	中学生英语・阅读与写作	7
幽默	做人与处世	7
小幽默 5 则	领导文萃	7
蒋介石的“总统”历程	文史天地	7
笑话狂欢会	莫愁・家教与成才	6
校园笑话	少年大世界・C 版	6
我国古代的身份证	文史天地	6

续表

文章标题	刊名	阅读量（次）
画好四张图，管好业务员	销售与市场·管理版	6
在尚好的青春里遇见你	大学生	5
月亮上的雪人	润·文摘	5
有一种“绑架”叫亲情	妇女	5
像妈妈一样照顾妈妈	做人与处世	5
为时代　为人民：文学记录中国	当代	5
童言趣语	发明与创新·少儿天地	5
社交圈“黑”话测评	南都周刊	5
日本在辛亥革命中的“小动作”与大阴谋	文史天地	5
奇思妙想新生意	大众投资指南	5
朋友圈使用手册	南都周刊	5
漫画与幽默	读者·校园版	5
漫画和段子	环球人物	5
老生意新做法	金点子生意	5
开心一刻	作文·初中版	5
教养的味道	读者	5
混圈子是个技术活	南都周刊	5
好消息·坏消息	三联生活周刊	5
国民党首要战犯改造秘档（一）	传奇·传记文学选刊	5
不懂变通的吕范	环球人物	5
别人的鞋子	读者	5
爆笑校园笑话	第二课堂（高中版）	5
301 医院的神秘病人	传奇·传记文学选刊	5
2015 年，创业“找钱”21 条新途径	大众投资指南	5

（3）2017 年文章阅读量 TOP20

从表 3.6 中可以看出，2017 年北京印刷学院师生阅读文章的期刊来源再度呈现集中趋势，在文章阅读量 TOP20 的 22 篇文章中，11 篇来自《意林》或其子刊，9 篇来自《读者》或其子刊，这两种期刊都为文学文摘类，说明读者倾向于选择文学文摘类期刊的文章进行阅读，这也与上文对期刊阅读量的分析情况相符。从文章标题判断，休闲类文章阅读量进一步扩大，从 2015 年的“幽默”“笑话”扩展为“漫画”“开怀”“互动”等多方面，说明读者对休闲娱乐的需求增加，同时文章大多为期刊的栏目标题，栏目内容是由多个短文本拼接而成，并非传统意义上的单篇文章。与 2015 年相比，2017 年文章 TOP20 阅读量有所提升。

表 3.6　2017 年文章阅读量 TOP20

文章标题	刊名	阅读量（次）
言论	读者	77
漫画与幽默	读者	69
幽默	做人与处世	55
智趣	读者	30
单独中的洞见	读者·校园版	22
今人今语	做人与处世	20
致树洞先生	意林·作文素材	15
新词	读者·校园版	15
许愿池	意林·作文素材	14
微写作	意林原创版·讲述	14
短信互动	意林·作文素材	14
《意林》问答漂流瓶	意林原创版	13

续表

文章标题	刊名	阅读量（次）
素粉欢型 show！	意林·作文素材	12
趣图	读者·校园版	12
意粉求上墙	意林原创版·讲述	11
潮流 IN 词	意林 12+	11
小编絮语	读者·校园版	10
漫画	读者·校园版	10
麻辣生活	意林原创版·讲述	10
开怀篇	意林原创版	10
互动	读者	10
符神传说：斩焰少年行	意林	10

（4）2018 年文章阅读量 TOP20

从表 3.7 中可以看出，2018 年文章阅读量 TOP20 与 2017 年的分布特征相似，一方面，期刊来源集中在《意林》《读者》及其子刊。另一方面，休闲娱乐类文章形式的增多且主要为期刊栏目。2018 年 TOP20 的阅读量较 2017 年有进一步提升。

表 3.7　2018 年文章阅读量 TOP20

文章标题	刊名	阅读量（次）
漫画与幽默	读者	135
言论	读者	106
单独中的洞见	读者·校园版	40
趣图	读者·校园版	37
致树洞先生	意林·作文素材	36

续表

文章标题	刊名	阅读量（次）
许愿池	意林·作文素材	36
鲁智深带团队	读书文摘·经典	31
小编絮语	读者·校园版	28
新词	读者·校园版	26
素粉欢型 show！	意林·作文素材	26
微写作	意林	24
创意	读者·校园版	21
声音	意林·作文素材	20
脑洞大开	读者·校园版	18
幽默	读者	17
蓝袍先生	读者	17
神回复	故事会	16
短信互动	意林·作文素材	16
智慧语丝	思维与智慧·上半月	15
漫画	三月三	13

综上所述，可以看出四年来北京印刷学院师生通过龙源电子期刊阅览室阅读文章的变化情况。首先，文章的期刊来源变化为集中—分散—集中，结合期刊类别来看，其中的主要特点是由人文社科类期刊的集中到休闲娱乐类期刊的分散再到休闲娱乐类的集中，也可能北京印刷学院师生的阅读特点还将继续保持这一趋势，《读者》《意林》等期刊的文章阅读量将保持领先优势；其次，文章内容从较为专业学术的人文社科到幽默笑话再到更大范围的休闲类文章，体现了北京印刷学院师生对休憩娱乐需求的不断提升；最后，阅读量显示北京印刷学院师生对单篇文章的阅读呈上升趋势。

3.1.4　读者阅读习惯分析

1. 阅读版本

北京印刷学院龙源电子期刊阅览室首页显示了其为读者提供的多版本阅读，包括文本版、原文原貌版、专题版、人声语音版等。其中，文本版注重纯文字显示，打破原来的期刊排版，文字可进行复制、粘贴操作，文章可单篇阅读；原貌版注重还原期刊排版原貌，通过 flash 插件实现放大缩小、翻页阅读等操作，有原汁原味、图文并茂、绚丽多彩的特点；专题版精选封面文章，荟萃每日精华，包含《今日推荐文章》《焦点专题》《最新热点文章》等专题；人声语音版是真人朗读部分期刊的精选文章，摆脱文字的限制，使阅读更加娓娓动听。

图 3.8 为龙源电子期刊阅览室后台原始数据，因后台无专题版数据，故此图不考虑专题版阅读情况，同时，下载次数为文本版阅读次数。通过图中的数据可以看出，文本版和原貌版都有一定阅读量，而语音版阅读次数近似为 0，说明读者的使用主要体现在文本版和原貌版的阅读上，语音版几乎无读者使用。2014—2018 年文本版阅读次数先减后增，近两年呈现上涨趋势，原貌版与语音版阅读次数则整体呈递减趋势。通过使用阅览室发现，原貌版适合于阅读插画漫画、艺术设计类文章，对图片的还原度要求较高，可以提供最接近纸质期刊的阅读体验；大部分期刊都不提供语音版阅读方式，并且语音版对设备要求较高，造成其阅读次数的持续走低。相比之下，文本版阅读方式操作方便，对设备要求较低，适合于阅读文字较多、图片较少的文章，迎合了大部分读者的阅读需求，因此阅读次数较高。

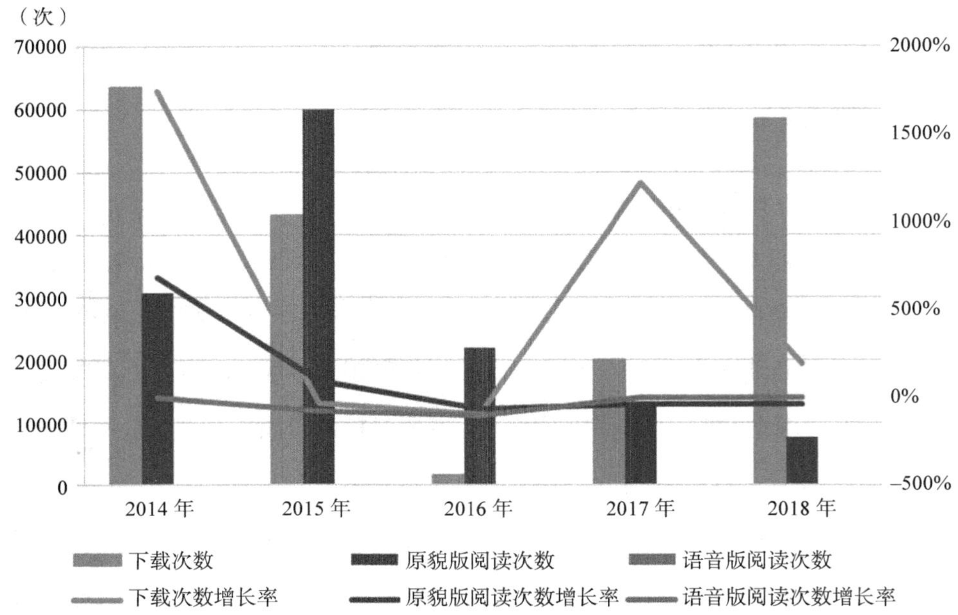

图 3.8　2014—2018 年不同版本的阅读情况

同时，问卷也调查了北京印刷学院师生对龙源期刊阅读时的版本选择情况，结果见图 3.9。60.53% 的人选择阅读文本版的文章，主要原因可能有两个：一个是因为文本版的文章单篇阅读并且可以复制；二是因为每本期刊都有文本版阅读可供选择。有 25% 的读者习惯于使用专题版，专题版的阅读方式更符合读者的碎片化阅读需求，相比于原貌版更受读者的喜爱。另外还有 10.53% 的人选择了原貌版的使用方式，可能是由于原貌版是翻页阅读，图文并茂，页面充满色彩，适合漫画、设计类等需要以页面为单位的内容。

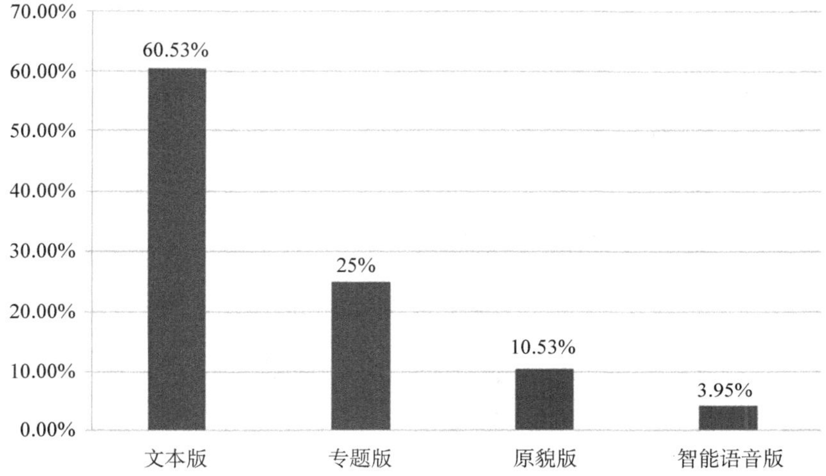

图 3.9　北京印刷学院师生使用龙源的阅读版本情况

2. 检索方式

龙源电子期刊阅览室提供的检索方式有四个，分别是标题、刊名、全文、首页推荐，调查北京印刷学院师生的检索方式情况见图 3.10。大部分读者是按照标题进行检索的，之所以会产生这种结果，一是因为标题检索是打开首页之后，龙源自身推荐的检索方式，另外也有可能是读者的个人阅读习惯使然。

3. 阅读时段

通过对四年每月期刊阅读量的统计，发现月度阅读量并不基本持平，不同的年份出现了很多的高峰点。图 3.11 是经过清洗冗余数据之后的实际有效阅读数据（2015 年 8—12 月和 2016 年全年缺失，2018 年 12 月未统计）。

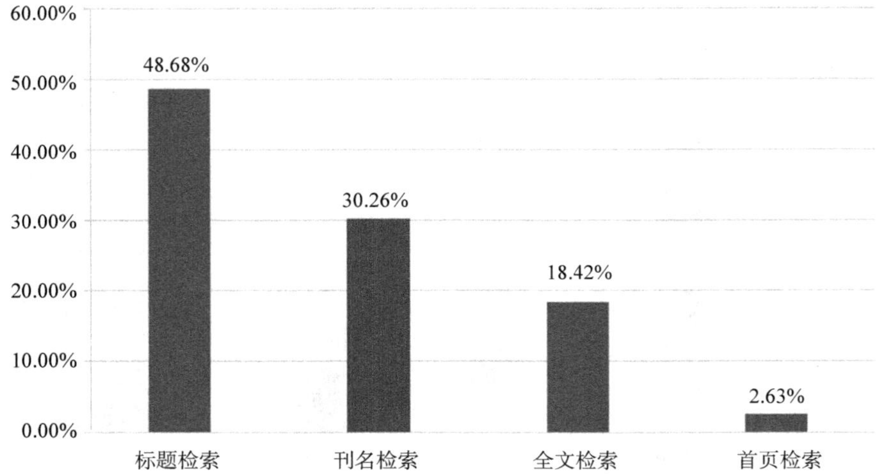

图 3.10　北京印刷学院师生使用龙源的阅读检索方式

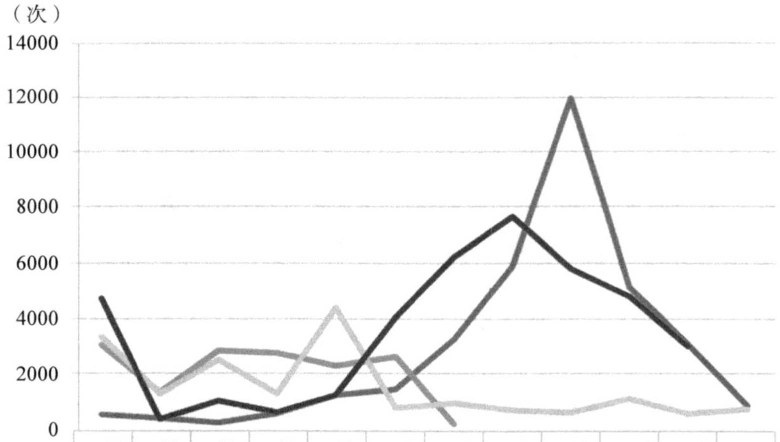

	1月	2月	3月	4月	5月	6月	7月	8月	9月	10月	11月	12月
2014年	514	384	223	559	1247	1463	3255	5872	11954	5129	3073	847
2015年（1—7月）	3023	1300	2835	2726	2271	2615	195					
2017年	3343	1288	2513	1288	4370	771	963	672	620	1131	587	735
2018年（1—11月）	4726	347	1008	626	1243	4047	6221	7653	5794	4815	2982	

图 3.11　2014—2018 年每月下载情况（次）

由图 3.11 可以看出，每月阅读量在各年的走势呈现出不同的特点：2014 年、2018 年的阅读量呈现前半年较低，后半年上升的趋势，高峰点分别出现在 2014 年 9 月和 2018 年 8 月。具体阅读篇章情况为，2014 年 9 月单篇文章阅读量为 1，没有被重复阅读文章，说明北京印刷学院师生在这一时间段的阅读范围广泛；2018 年 8 月阅读量前三的文章为《国外轻武器新品展呈》《七日谈》《金门炮战六十年 毛泽东蒋介石的战与和》，阅读次数分别为 11、10 和 8，并非上文所提到的阅读量很多的文学文摘类，也从侧面体现了北京印刷学院师生在这一时间段阅读的为知识性较强的文章。

2015 年 1—6 月各月阅读量基本持平，7 月骤减至其他月份的 10%，考虑到后台数据的不稳定性，因此 7 月阅读量的可参考性不大。具体文章情况为，2015 年 7 月只有 3 篇文章阅读次数达到 2 次，分别是《毛泽东和蒋介石的共同遗愿》《毛泽东在杨开慧牺牲前后》《遗忘之石》，可见北京印刷学院师生在这一时间段对近代历史与英雄人物的关注度较高；7 月所有阅读文章中，来自《华夏关注》期刊的占总体数量的 42%，也体现了读者对该期刊的集中阅读情况。

2017 年阅读量呈现前半年较高，后半年下降的趋势，高峰出现在了 5 月。具体文章情况为，2017 年 5 月阅读次数超过 2 次的文章均来自于《读者》《意林》《思维与智慧》《今日文摘》等文学文摘类期刊，体现了北京印刷学院师生在这一时间段的阅读重点，说明读者的阅读需求主要为休闲娱乐。

总体来说，龙源的阅读与知网的下载在月份上呈现的特点有一定差别，不像知网有较为明显的时间特征，这也跟大众类阅读与专业类阅读的区别有很大关系。对于专业类期刊来说，高校师生的使用情况与学校教学安排紧密相关，而对于大众类期刊来说，读者阅读时段不会过多受外界因素的干扰，每一年的阅读量都没有统一的规律，这可能与大众类阅读受读者因素、期刊内容、社会热点等因素影响相关。只有 2 月份是这几年较为明显的低谷，可能是由于在春节前后，即使是休闲类大众期刊也少人问津。同时，历年各月份中，阅读量少的在 100 篇左右，阅读量高的在 12000 篇左右，相关比较大。此外，2014 年的 9 月和 2018 年 8 月的异常区别于其他月份，阅读量分别达到 11954 篇和 7653 篇，高出其他月份和同时段其他年份很多。

3.2 高校师生大众期刊数字化阅读的影响因素

3.2.1 期刊的品牌知名度

在调查过程中，就期刊的知名度是否会影响读者的阅读进行了调查，见图 3.12。其中 81.58% 的人选择了“会”。可见，在数字领域的阅读中，品牌效应也在发挥着它的作用。期刊品牌效应的形成，还是以其有过硬的内容作为保障。数字阅读过程中，读者阅读的仍然是内容，读者关心的依旧是内容的质量。期刊的品牌价值越大，越能吸引读者的眼球；在读者的潜意识里，期刊品牌越大，口碑越好，内容越丰富，质量越有保障。所以说，期刊的品牌知名度是影响高校师生大众类期刊数字化阅读的因素之一。

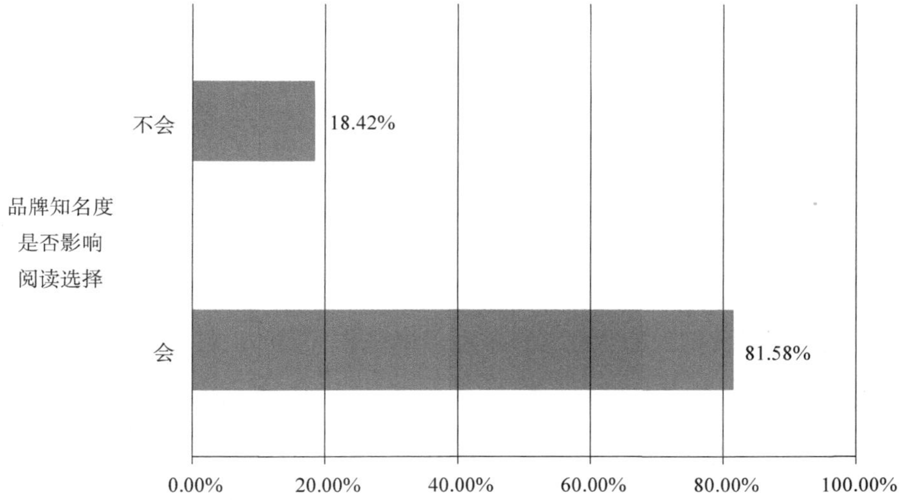

图 3.12　品牌知名度是否影响阅读选择

3.2.2　期刊的网页设计与功能

在问卷调查过程中，当读者被问及网站的首页设计与功能是否会影响阅读时，有 51% 的人答“会”，所以期刊的网页设计与功能也是影响数字阅读的因素之一。网页框架、颜色、功能、排版、表现形式等都会给读者造成视觉冲击。读者点开一个网站，希望看到的是整洁、大观并且实用的页面，在这里，可以完成读者所需要的所有操作。页面过于烦琐与过于单调都会直接影响读者的阅读心态，所以说，一个好的期刊网站，页面设计一定要与时俱进，贴近读者的阅读需求。

3.2.3 学校提供的服务

从硬件的角度进行分析，图书馆的大众类期刊数字资源和学校所提供的阅读环境也是制约师生进行大众类期刊数字化阅读的因素之一。主要表现在两个方面：首先，北京印刷学院图书馆的大众类期刊数字资源相对来说还是比较多的，但是通过调查发现，68.2% 的受访者表示从未使用过龙源电子期刊阅览室的资源，这也就是说我们的期刊数字资源利用率是非常低的。针对这种情况，图书馆应该对期刊数字资源进行宣传推广，提高师生的利用率，达到物有所值。其次，在“限制您访问龙源期刊网的因素”调查中，有 51.3% 的受众选择了“网络与校外访问受限”，期刊的数字资源是靠网络进行传播的，当硬件被限制不能进行网络阅读时，自然会对数字阅读产生不利的影响。

3.2.4 个人兴趣

如图 3.13 所示，在被问及哪些因素会影响受众对数字期刊的内容进行选择时，有 43.42% 的人把个人兴趣放在了首位。兴趣是推动阅读的最有利的内部驱动力，是数字阅读积极性中最现实、最活跃的心理成分。有了兴趣，读者就能产生强烈的求知欲，主动进行阅读。可现在，无所不能的网络，以及刺激、有趣、虚拟的网络游戏却深深地吸引着受众，甚至让有些受众（学生）难以自拔。在电视、网络发达的信息时代学生很难对阅读产生兴趣，兴趣缺失了，阅读也就失去了动力。所以说，个人兴趣直接影响着大众类期刊数字化阅读的选择。

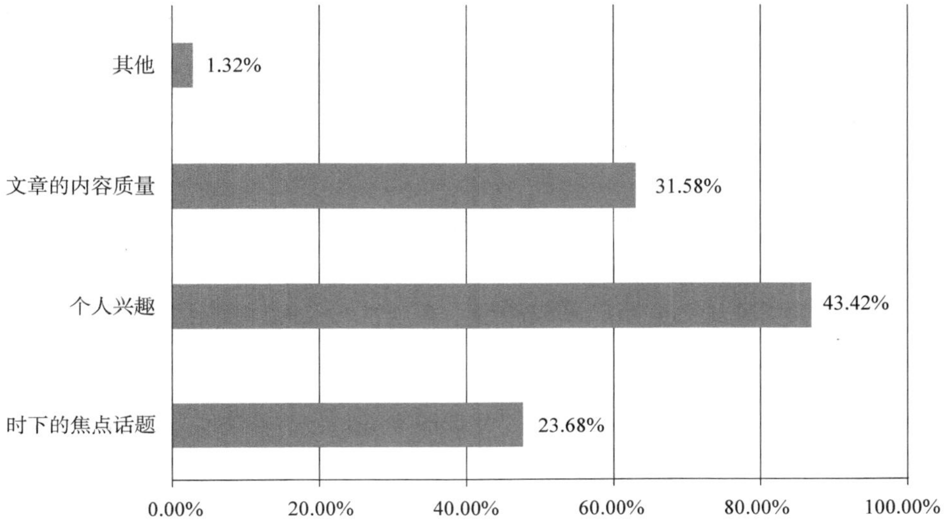

图 3.13　影响数字阅读期刊内容选择的因素

3.2.5　阅读需求

1. 摆脱忙碌生活，实现娱乐消遣

满足休闲娱乐、欣赏美文一直是文学文摘类期刊受众所追求的重点，因此此类内容在网上的阅读态势保持着上升的趋势。通过调查问卷发现，40.79% 的读者会选择阅读文化艺术类期刊，43.42% 的读者会选择文学文摘类期刊进行阅读。这表明文学类内容的期刊在网络传播中受到了读者的积极拥戴，充分显示出文学所散发出的独特魅力。

通过这几年的后台数据分析也发现，文学文摘类期刊的受众阅读量呈现出逐渐上升的趋势，而且《读者》《青年文摘》《故事会》《当代》《十月》等期刊都保持着较高的点击率。这也进一步说明，在日常工作和生活压力非常大的情况下，师生通常会利用闲暇的业余时间阅读网络期刊，从而实现放松心情、愉悦自我的目的，这便是读者的普遍追求。

2. 把握时代脉搏，获取即时信息

时政人物类期刊和文章因其权威性、客观性、及时性而得到受众的持久关注。一方面，受众可以足不出户，获取时政信息，了解国内外新闻，知晓国家大事，从而拓宽视野、把握时政要闻及其深度分析；另一方面，受众可以通过阅读此类内容作为谈资，活跃各自的社交生活。

前文分析的 TOP50 期刊和文章排行榜中，时政类期刊与文章都取得了好的成绩，如“时政新闻类期刊”在 TOP10 期刊中排名第三，仅次于文学文摘类和教育教学类，又如《看天下》的《奥巴马被“自拍”狠摆一道》一文排在了 2014 年月度文章 TOP1。这些都充分体现出受众对此类内容的关注度。

3. 掌握生活诀窍，提高生活技巧

纵观近几年的阅读数据，有关家庭生活指南的内容也多有关注，如《练一场双人瑜伽补足爱》《教你做：抗寒美食》《婚姻最怕“有要求”》等。生活类期刊之所以得到受众的青睐，主要是因为它切合实际，有较强的实用性。此类期刊的受众通过检索阅读相关方面的内容，从而达到提高生活技能的目的。

无论是出于愉悦身心，充实生活目的的文摘类文章，还是以养生保健为主的生活类文章，或是掌握经济动态的商业类文章，抑或是代表权威性、客观性

的时政类文章，所有的受众都从中满足了各自的阅读需求，体现出受众不同的阅读兴趣。

3.3　高校大众类期刊数字资源建设的启示

3.3.1　注重数字期刊的品牌塑造，彰显品牌价值

通过调查问卷发现，有 40.79% 的受访者在进行期刊阅读选择时，把期刊的品牌价值放在首位，受众对于品牌的认知早已深入人心。北京印刷学院访问龙源期刊的数据也充分地印证了这一观点。毋庸置疑，拥有众多忠实读者和广阔市场前景的知名期刊能够得到受众的更多关注。例如，在近几年的阅读排行中，《故事会》《新周刊》《意林》等纸版发行量较大的期刊，在数字阅读中也受读者青睐，排名比较靠前。这显示了知名期刊对受众的吸引程度以及对期刊网络传播所产生的影响力，也确立了阅读品牌网络延伸的认知度。那么，可以考虑从以下三个方面提高期刊网络品牌的价值。

首先，需要大力加强传统纸质期刊的品牌影响力。在期刊的网络传播中有这样一个现象：纸质期刊的发行量与网络阅读量成正比的关系，即纸质期刊发行量越大，它的网络阅读量也越大。因此，要想提高期刊的网络品牌价值，首先要提高期刊自身的品牌影响力。

其次，要注重网络推广。纸质的发行量可以影响网络阅读量。但是，仅仅靠纸质期刊的影响力是远远不够的，还要注重期刊的网络推广，利用互联网这

个大的平台进行传播，实现互动交流。准确了解目标市场和受众群体。

最后，网络读者同样需要“好看”的内容，高质量的内容是打造期刊网络品牌的根本。读者选择期刊进行阅读的根本还是在于内容的质量，内容优则读者多。期刊的数字化阅读，改变的只是阅读的方式，阅读的根本仍然是内容，所以，提高自己的内容质量是提升网络品牌价值的根本。

3.3.2 加强移动端 APP 建设，提高资源利用率

在移动互联网时代，人们对移动端 APP 的使用率与打开率不断提高，更倾向于在不同的使用场景下进行碎片化阅读。龙源期刊抓住发展机遇开发了相应的 APP“优阅”，但笔者发现其使用体验并不尽如人意。首先，在客户端阅读期刊需要用户登录，但学校并未订购相关 APP 资源，师生无法免费获取相关内容；其次，客户端版本更新的时间间隔长，最近两次版本更新相差 7 个月，说明龙源期刊对移动端 APP 的重视程度还不够，技术能力低；最后，从苹果商城中的 APP 下载量与用户评分上看，“优阅”评分为 2.7，说明龙源期刊缺少用户意识，对 APP 的运营宣传较少。因此要加强移动端 APP 建设，进而提高数字资源利用率，作为用户主体的高校来说，可以订阅相关移动端资源，但同时更要加大宣传，使高校师生了解并乐于使用，避免造成资源浪费。

第 4 章　高校师生期刊数字化阅读的启示

4.1　利用各种途径进行图书馆数字资源的宣传

充分利用图书馆主页。图书馆主页是图书馆对外的一个窗口，它是读者了解图书馆的一个最佳通道。读者通过浏览图书馆的主页，就可以对图书馆的馆藏资源和服务方式有一个全面的了解。因此，应该重视图书馆主页的建设，尽量利用图书馆的网页对馆藏数字资源进行了详尽的介绍，包括每个数据库的收录范围、特点、功能、检索方法等。

把宣传工作日常化。高校图书馆可以把每年的某个月份定为图书馆的宣传月，在这个宣传月中，图书馆可以组织馆藏资源和服务宣传、读者调查、读者座谈会、数据库专题培训、影视欣赏等一系列活动，加大图书馆的宣传力度，使读者有机会充分了解馆藏资源并加以利用。

4.2 设置校外合法用户的访问权限

目前越来越多的教师和学生在校外使用数字资源，校外读者访问学校网络、访问图书馆馆藏目录和使用数据库权限受限是限制读者访问图书馆资源的一个最大因素（见图 4.1）。如何解决校外读者像校内读者一样正常使用学校网络、图书馆数字资源是学校网络中心和图书馆应该共同努力解决的一个重大问题。另外，读者还经常碰到数据库无法登录或网速太慢的问题，这些问题大大影响了数据库的使用效率。建议图书馆的技术部门和数据库提供商经常沟通联络，从网络和信息技术上保障数据库的畅通，让读者随时可以顺利使用数据库。

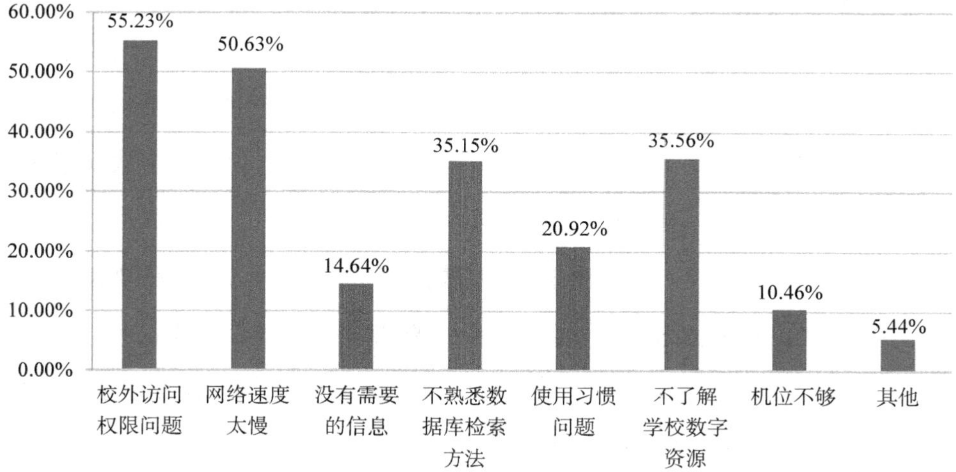

图 4.1 限制北京印刷学院师生使用图书馆数字资源的因素

4.3　加强数字期刊的后台建设，完善后台功能

由于此次分析的数据全部来源于北京印刷学院师生登录中国知网和龙源电子期刊阅览室的后台数据，在数据下载过程中，发现有些问题对收集数据带来一定难度。一个好的数据库，应该匹配一个功能完善的后台，它不仅可以记录大量的浏览信息，还应具备实用性的功能，以方便自身和用户掌握后台情况，从而对其进行分析，有效提升数据库的使用率和使用效果。

4.3.1　后台功能需进一步完善

在使用后台的过程中，发现有很多不合理或没有实际意义的设置，如浏览次数与下载次数的设计。在笔者刚开始接触这个后台时，对这两个次数的设计不了解。一个是因为虽然记录了读者的浏览次数，但是，没有具体的信息可供查询和分析。另一个是因为龙源电子期刊阅览室中根本就没有下载这个功能，使用时不清楚下载次数的具体含义。又如，龙源后台上记录了读者所阅读版本的次数，原貌版阅读次数和语音版阅读次数，但是，可供读者选择的还有文本版和专题版，而这两个版本在后台却没有记录信息。对于这些问题，本书也提出了一些想法。

1. 去除没有实际意义的设置，实用性能达到最高

在第二章的开始就已经提到了浏览次数和下载次数的关系以及记录的原理，这里浏览次数的设置意义不大，只需留下下载次数的内容就可以了。多余的设置对我们既没有意义，又影响了后台的使用功能。

2. 设置后台时保证合理的逻辑关系

首先，如果想要了解读者更加青睐哪个版本的阅读，应该把可供读者选择的四个版本全部记录在后台，而不是只选择其中的两个。其次，四个版本的阅读量应该完全包含浏览次数，并该保证它们的一致性。

4.3.2 后台数据急需增强可靠性

在使用过程中还发现后台的数据比较凌乱，记录数据的方式不是很清晰，且数据存在缺失，如本书所采取的下载次数的数据。通过与龙源后台工程师的沟通，我们得到结论，理论上我们是可以直接下载次数采用进行分析的，因为它所记录的信息就是按篇章为单位的。但是,实际后台的数据是无法直接使用的，出现了大量的同一篇文章，时间间隔仅为几秒的现象。针对这个问题，龙源的工程师也无法给出确切的答复。所以，后台数据的记录方式还不太清楚，这个问题应当引起注意。后台的设置，应便于学校和企业及时了解受众们的需求，因此，增强数据的可靠性迫在眉睫。

4.4　丰富图书馆的数字期刊资源，实行个性化定制

图书馆自身所具备的数字期刊资源对数字阅读起到至关重要的作用。图书馆是为有阅读需求的师生准备的服务场所，如果本身的期刊数字资源匮乏，满足不了用户的需求，那么阅读也就无从谈起。同样地，图书馆所提供的服务也是尤为重要的，它不仅为用户提供场所和资源，还要引导大家去阅读，提高读者的阅读兴趣。

4.4.1　图书馆既要丰富自身数字期刊资源又要重视师生需求

为用户提供学术性、高质量的数字阅读内容是图书馆义不容辞的职责。一方面要通过购买、共建和共享等多种形式进行电子图书、电子期刊等数字资源的建设，保证资源的连续性和多样性；另一方面，图书馆要对师生们的需求进行及时调查和了解，对自己的馆藏资源进行认真分析，在购买期刊数字资源之前根据学校的实际需求，完成个性化定制数字资源。实现各种数字资源的有效利用，提高数字化阅读的准确性和便捷性。

4.4.2　图书馆要做好服务工作，重视宣传，提高读者阅读兴趣

在研究过程中发现，有 68.2% 的受访者从未使用过龙源电子期刊室的数字

资源，这就造成了巨大的资源浪费——学校花重金买回来的期刊数字资源，却得不到利用。针对这一情况，图书馆可以通过讲座、活动等加强宣传工作，进行阅读推荐，帮助读者选择适合其阅读的资源，也可以邀请专家学者举办讲座、数字阅读沙龙，开设阅读博客或论坛，进行阅读点评，加强与读者的互动等，从中了解阅读者的阅读动机、阅读兴趣，有针对性地进行阅读引导，让阅读成为“悦读”。进行资源建设是让读者有条件阅读，导读是让读者有兴趣阅读，培训是让读者有能力阅读。通过开展形式多样的活动，引导读者学会去利用图书馆的期刊数字资源，真正体会数字化期刊的阅读乐趣。

结　语

随着期刊网络传播的进一步发展，对期刊网络传播的高校师生群体进行有效把握显得尤为重要。本研究通过以北京印刷学院访问中国知网和龙源电子期刊阅览室作为案例，运用翔实的数据对高校师生的期刊数字化阅读进行分析与研究，可以看出当前的期刊网络阅读已经颇具规模，传统期刊内容渐渐成为受众阅读的重要选择，期刊受众经过网络渠道获取知识、信息逐渐成为一种习惯。

本书从阅读后台数据、高校师生阅读需求、阅读影响因素及启示等方面进行了分析，并对专业类和大众类期刊、数字图书馆、学校等方面提出了建议和意见。但是仅仅这些研究是远远不够的，期刊网络传播的受众分析还需要更长时间、更多案例、更丰富的数据加以支持，以使得此研究更加深入。此项工作任重道远，更是今后努力研究的方向。

参考文献

[1] 曹红杰 . 浅议如何提高高校图书馆数字资源的利用率 [J]. 图书情报，2011（26）：95-96.

[2] 邓佩珍 . 基于新生代读者阅读特点的高校图书馆信息服务策略研究 [J]. 图书馆论坛，2010（4）：121-123.

[3] 郭健民，初源莉 . 基于中国知网的读者利用电子资源统计分析——以哈尔滨工业大学为例 [J]. 长春理工大学学报，2010（6）：82-83.

[4] 何红梅 . 论期刊数字化的现状及发展趋势 [N]. 山东商业职业技术学院学报，2009（4）：106-109.

[5] 黄坤，赵海鹏，刘月霞，等 . 从认知的角度探讨高校图书馆数字资源的利用率 [J]. 中华医学图书馆情报杂志，2011（5）：24-26，31.

[6] 黄筱玲，李雯基 . 基于数据分析的高校图书馆数字资源建设优化——以湖南大学图书馆为例 [J]. 高校图书馆工作，2012（1）：58-60.

[7] 李铁梅 . 大阅读环境下高校学生阅读行为调查及图书馆对策 [J]. 图书馆学

研究，2011（8）：69-73.

[8] 李亚军，何凤毅 . 数字阅读与图书馆创新服务 [J]. 图书馆情报工作，2011（S1）：162-164.

[9] 钱飒飒，张昕，苏磊 . 2008 龙源期刊网络传播 TOP100 栏目的启示 [J]. 科技与出版，2009（3）：50-53.

[10] 邱薇 . 网络期刊的发展探讨 [J]. 科技情报开发与经济，2006（20）：3-4，298.

[11] 王已芳 . 电子资源使用统计分析与研究——以河北工程大学中国知网为例 [J]. 内蒙古科技与经济，2009（17）：117-118.

[12] 夏焕堂，隗静秋 . 新媒体下大众期刊的发展策略 [J]. 江西科技师范学院学报，2007（6）：98-101，110.

[13] 肖景 . 大学图书馆数字资源利用的读者调查与分析——以华中师范大学图书馆为例 [J]. 情报杂志，2010（10）：149-153.

[14] 杨春兰 . 期刊数字化，你准备好了吗？ [J]. 传媒，2007（12）：46-47.

[15] 杨小云 . 普通高校图书馆数字资源利用情况分析——以渭南师范学院图书馆为例 [J]. 渭南师范学院学报，2012（2）：107-109.

[16] 张金星 . 在线阅读不是图书馆“读者流失”的主要原因 [J]. 图书馆建设，2009（6）：41-44.

[17] 张兴 . 数字阅读与图书馆服务创新 [J]. 科技情报开发与经济，2011（3）：50-52.

[18] 赵燕 . 网络时代大众阅读方式的选择 [J]. 图书馆学刊，2006（4）：79-80.

[19] 中国知网 .http//www.cnki.net.

[20] 周玲玲 . 知识共享协议及其可持续利用价值 [J]. 科技与出版，2009（6）：8-11.

[21] 周晓杰 . 数字阅读与高校图书馆服务创新 [J]. 图书馆学刊，2011（8）：83-86.

[22] 朱咫渝 . 网络超文本阅读研究——基于大学生网络阅读行为的调查分析 [J]. 图书馆工作者研究，2011（10）：116-119.

附录一：调查问卷

北京印刷学院图书馆数字资源利用情况调查问卷

您好！为了充分了解北京印刷学院师生对图书馆数字资源的使用情况，从而更好地实现图书馆数字资源的价值，以及完成本项研究，项目组设计了这份问卷，采用不记名方式，所有调查结果仅作为学术研究之用，请根据您的实际情况选择相应选项。衷心感谢您对本项研究工作的支持与配合，谢谢！

第一部分　数字资源使用基本情况调查

1. 请问您是：

A. 本科生　　B. 研究生　　C. 大专生　　D. 专职教师　　E. 行政人员

2. 您所在专业的学科门类：

A. 文学　　B. 理学　　C. 工学　　D. 管理学　　E. 艺术学

3. 您进行数字阅读的主要方式是：

A.PC 机　　B. 智能手机　　C. 平板电脑　　D. 手持阅读器

4. 您获取数字阅读资源的主要途径是：

A. 搜索引擎　　B. 垂直门户网站（专业网站）

C. 图书馆数字资源　　D. 社交网络

5. 您进行数字阅读的目的是？（可多选）

A. 提高自身修养　　B. 扩展知识面

C. 充实生活　　D. 消磨、打发时间

E. 专业学习或工作需要　　F. 其他

6. 您使用数字资源主要关注哪些方面的内容？

A. 生活资讯　　B. 专业知识　　C. 行业资讯

D. 娱乐讯息　　E. 公共新闻

7. 您在进行数字阅读时，通常会选择哪一类数字资源？（可多选）

A. 电子书　　B. 专业期刊　　C. 大众期刊

D. 数字报纸　　E. 网络新闻　　F. 网络视频

G. 数字音乐　　H. 数据库　　I. 其他

8. 您选择此类数字资源的原因是什么？（可多选）

A. 兴趣爱好　　B. 工作、学习需要

C. 拓展知识面、增强实用性

D. 资源本身的特色　　E. 内容优势　　F. 其他

（第 8 题若出现选项 B，则出现 9 和 10，未出现则第一部分结束。）

9. 您因工作、学习需要使用数字资源最主要的目的是（可多选）

A. 掌握专业知识及应用信息　　B. 解决学习上遇到的问题

C. 撰写论文或大作业　　D. 获取教学、科研相关的信息

E. 申报课题　　F. 其他____________________

10. 如果你准备写论文或者进行某一项课题研究，您会如何收集资料？

A. 查找纸质书刊　　B. 使用搜索引擎获取

C. 利用图书馆的数字资源查找　　D. 以上都有可能，要看具体情况

第二部分　北京印刷学院图书馆数字资源使用情况调查

1. 您对学校图书馆数字资源的了解程度

A. 非常了解　　B. 比较了解　　C. 一般

D. 了解较少　　E. 从未了解

2. 您是否经常使用图书馆的数字资源？

A. 几乎每天　　B. 每周 1~5 次　　C. 每月 1~5 次

D. 每学期 1~5 次　　E. 从未使用过

如您从未使用过，原因是（可多选）

A. 不了解　　B. 课余时间有限　　C. 无自己需要的信息　　D. 其他

3. 您认为北京印刷学院图书馆的数字资源可以满足您的阅读需求吗？

A. 可以满足　　B. 勉强可以满足　　C. 一般

D. 不能满足　　E. 严重不能满足

4. 在图书馆的各类数字资源中，您主要利用哪类资源？（可多选）

A. 期刊　　B. 学位论文　　C. 报纸

D. 会议论文　　E. 图书　　F. 视频类

5. 在图书馆的各类中文数据库中，您主要利用的资源：（可多选）

A. 中国知网（CNKI）　　B. 龙源电子期刊阅览室

C. 维普全文电子期刊　　D. 读秀学术搜索

E. 中文社会科学引文索引（CSSCI）　　F. 方正数字资源平台

G. 国务院发展研究中心信息网　　H. 中国经济信息网

I. 道琼斯财经资讯　　J. 新华社专供信息

K.e 线图情　　L. 全国文化信息共享工程

M. 万方数据　　N. 中国大百科全书网络版

O. 全国报刊索引　　P. 维普网络考试学习资源库

Q. 大学生就业能力提升网络课程资源库　　R. 都不用

6. 在图书馆的各类外文数据库中，您主要利用的资源：（可多选）

A. SCI　　B. EI

C. EBSCOhost 数据库　　D. LexisNexis 学术大全数据库

E. Elsevier SD　　F. ProQuest 博硕论文全文数据库

G.ACM　　H. 国家科技图书文献中心（NSTL）

I. Wilson Art Full Text　　J. 都不用

7. 图书馆的电子资源能否满足您的论文撰写、科学研究和教学需求：

A. 能　　B. 不能

8. 限制您访问图书馆数字资源的主要原因是：（可多选）

A. 校外访问权限问题　　B. 网络速度太慢

C. 没有需要的信息　　D. 不熟悉数据库检索方法

E. 使用习惯问题　　F. 不了解学校数字资源

G. 机位不够　　H. 其他 ____________________

9. 您对北京印刷学院图书馆数字资源的合理利用有哪些建议？

____

第三部分　北京印刷学院 CNKI 数据库使用情况调查

1. 您平均多久使用一次中国知网（CNKI）：

A. 每天都用　　B. 每星期 1~5 次　　C. 每月 1~5 次

D. 每学期 1~5 次　　E. 从未用过

如您从未使用过，原因是（可多选）（如您从未使用，第 2 题以后免答）

A. 不了解 CNKI 资源　　B. 课余时间有限

C. 无自己需要的信息　　D. 其他

2. 您每次使用中国知网（CNKI）的时间：

A.1 小时以内　　B.1~2 小时　　C.2~3 小时　　D.3 小时以上

3. 您经常使用中国知网（CNKI）的哪个数据库？

A. 学术文献总库检索（即默认状态）　　B. 中国学术期刊网络出版总库

C. 中国优秀硕士学位论文全文数据库　　D. 中国重要报纸全文数据库

E. 中国博士学位论文全文数据库　　F. 中国重要会议论文全文数据库

G. 其他____________________

4. 您是否会浏览中国知网（CNKI）首页的内容：

A. 会　　B. 不会

5. 您使用中国知网（CNKI）数据库检索文章时常用哪种检索方式?

【输入检索范围控制条件】

A. 发表时间　　B. 文献出版来源

C. 国家或各级科研项目　　D. 作者

【输入目标文献特征】

A. 全文　　B. 题名　　C. 主题

D. 关键词　　E. 中图分类号

6. 查找到文献后您通常使用的方式是?（可多选）

A. 不浏览，直接下载　　B. 浏览文章基本信息，看是否符合需要再下载

C. 通过知网节浏览其他相关文献

D. 全本下载（硕博论文）　　E. 分章节下载（硕博论文）

F. 其他____________________

7. 浏览文章时您是否会注意文献的出版来源（所属刊物）:

A. 会　　B. 不会

8. 文献的出版来源（所属刊物）是否会影响您浏览或下载文献：

A. 会　　B. 不会

9. 您下载文献的格式通常为?

A.pdf 格式　　B.caj 格式

原因：____

10. 希望 CNKI 数据库在哪些方面进一步改进：

____

第四部分　北京印刷学院龙源电子期刊阅览室使用情况调查

1. 您经常登录北京印刷学院龙源电子期刊阅览室进行阅读吗?

   A. 每天都使用　　B. 每周 1~5 次

   C. 每月 1~5 次　　D. 每学期 1~5 次

   E. 从未用过

   如您从未使用过，原因是：(可多选)(如您从未使用，第 2 题以后免答)

   A. 不了解龙源阅览室资源　　B. 课余时间有限

   C. 无自己需要的信息　　D. 其他

2. 限制您访问北京印刷学院龙源电子期刊阅览室的主要原因：(可多选)

   A. 校外访问无权限　　B. 校内网络速度太慢

   C. 阅读氛围差　　D. 龙源期刊阅览室功能不完善，如无下载功能

   E. 个人阅读习惯　　F. 没有需要的内容

   G. 其他

3. 您经常使用的电子期刊检索方式?

   A. 按标题进行搜索　　B. 按刊名进行搜索

C. 按全文进行搜索　　　　D. 按首页推荐进行检索

4. 您在阅读北京印刷学院龙源期刊时，经常选用的媒介使用方式是?

A. 文本版　　　　B. 专题版

C. 原貌版　　　　D. 智能语音版

5. 您在阅读北京印刷学院龙源期刊时，最喜欢阅读的内容是：(可多选)

A. 教育教学类　　　　B. 科技科普类　　　　C. 文化艺术类

D. 健康生活类　　　　E. 文学文摘类　　　　F. 社科历史类

G. 管理财经类　　　　H. 经济法律类　　　　I. 时政新闻类

6. 您选择数字期刊时受哪方面的影响最大?

A. 期刊品牌　　　　B. 个人兴趣

C. 内容　　　　D. 其他

7. 哪些因素会成为您选择文章进行阅读的首要影响因素?

A. 时下的焦点话题　　　　B. 个人兴趣

C. 文章的内容质量　　　　D. 其他

8. 电子期刊及网站的首页设计会对您的阅读产生影响吗？

A. 会　　　　B. 不会

9. 电子期刊首页推荐的内容会成为您阅读的首选吗?

A. 会　　　　B. 不会

10. 电子期刊的知名度会影响您的阅读选择吗?

A. 会　　　　B. 不会

11. 有无下载选项，会影响您阅读北京印刷学院龙源期刊吗?

A. 会　　　　B. 不会

12.期刊内容的发布时间会影响您的选择吗？

A. 会　　　　　　　　　　B. 不会

感谢您在百忙之中抽出时间填写我们的问卷，祝您和家人健康快乐！！！

附录二：北京印刷学院师生专业类期刊数字化阅读分析❶

——以访问中国知网数据为例

包韫慧，金曼

（北京印刷学院新闻出版学院，北京 102600）

摘要：本论文以高校师生的数字化阅读、我国专业类数字内容平台的发展情况为研究背景，以北京印刷学院访问中国知网的后台数据为主要研究依据，梳理了北京印刷学院师生使用图书馆数字资源的特点及专业类期刊数字化阅读的特征和影响因素，并提出了相应建议。

关键词：专业期刊；中国知网；数字化阅读；北京印刷学院师生

中图分类号：G20

文献标志码：A

文章编号：1004-8626(2014)03-0033-04

---

❶ 收稿日期：2014-02-28

基金项目：北京印刷学院校级重点项目“基于期刊数据库的数字化阅读研究”（E-a-2012-07）成果之一；北京市本科生科研计划“高校师生专业类期刊数字化阅读研究”成果之一；高等学校青年骨干教师国内访问学者成果之一；北京高等学校“青年英才”计划项目研究成果之一。

Research on Digital Reading Professional Journals by Teachers and Students of BIGC

——Taking CNKI data as an Example

BAO Yunhui，JIN Man

(Beijing Institute of Communication，Beijing 102600，China)

Abstract: With the development of digital reading, university teachers and students of our specialty digital content platform as the research background, the background data of BIGC access CNKI as the main research basis, this thesis analyzes the characteristics and influencing factors of characteristics and professional journals digital reading of BIGC'S teachers and students, and puts forward corresponding suggestions.

Key words: professional journals; CNKI; digital reading; teachers and students of BIGC

一、北京印刷学院师生的数字化阅读特点

高校师生作为期刊数据库机构用户的重要组成部分，在数字化阅读中占有不可忽视的地位。本文通过对中国知网的后台数据进行统计分析及北京印刷学院师生的问卷调查，分析了北京印刷学院师生使用图书馆数字资源进行专业类期刊数字化阅读的特点及其影响因素。通过对比中国知网和龙源期刊电子阅览室的使用情况，发现中国知网的使用率远远高于龙源期刊电子阅览室。这从一个侧面印证高校师生使用期刊数据库的主要目的是查找资料、写论文或大作业，其次是获取教学、科研的相关信息等，而通过期刊数据库进行休闲阅读的群体较少。此外，问卷反映出北京印刷学院师生对于中国知网的使用主要集中在专业期刊和学位论文上。可见，高校师生利用期刊数据库进行数字化阅读的特点之一是阅读的功利性，如为了满足当下的科学研究、申报项目、完成作业或论文写作等。

北京印刷学院师生在使用中国知网的时候主要是通过个人 PC 机，而不是手机、平板电脑等其他终端。这一现状一方面说明 PC 机在专业内容的数字化阅读方面占据重要地位，另一方面也说明，期刊数据库的访问受权限限制，师生只能在学校范围内比较便利地使用这些数字资源。

二、北京印刷学院师生使用中国知网情况分析

从表 1 可以看出，2012 年北京印刷学院使用中国知网访问量最高的是中国

期刊全文数据库，检索次数达到 100 万次以上，下载次数达到 50 万次以上。其次是中国学术期刊网络出版总库，该数据库的检索次数达到 70 万次以上，下载量次数甚至超越中国期刊全文数据库，达到 60 万次以上。这主要是因为从学校图书馆主页进入数据库的默认检索库为学术期刊网络出版总库。

（一）检索路径

调查问卷显示，只有 42% 的读者会浏览中国知网的首页内容，大多数读者直接进入检索阶段，检索路径从高至低依次是关键词、文献源、主题等，见图 1。图中数据虽不能说明读者更倾向于用哪种检索方式，因为读者在检索时有可能结合多种条件进行，但从学术期刊网络出版总库的检索界面可以推断出使用主题进行文章检索的读者习惯于知网的默认状态，对于其他检索条件可能并不熟悉。对于中图分类号这个检索条件在调查问卷样本中无人使用，说明读者不甚了解中图分类号。

表 1　2012 年北京印刷学院师生使用中国知网各分库情况（次）

数据库名称	检索次数	浏览次数	下载次数	拒绝登录次数	使用总次数
中国期刊全文数据库	1028704	730065	565229	1435	2325433
中国学术期刊网络出版总库	737639	294268	681992	11282	1725181
中国优秀硕士学位论文全文数据库	628373	112762	122307	11244	874686
中国博士学位论文全文数据库	626673	24153	25762	8534	685122
中国重要会议论文全文数据库	553377	15681	18904	266	588228
中国重要报纸全文数据库	534386	46886	47955	188	629415

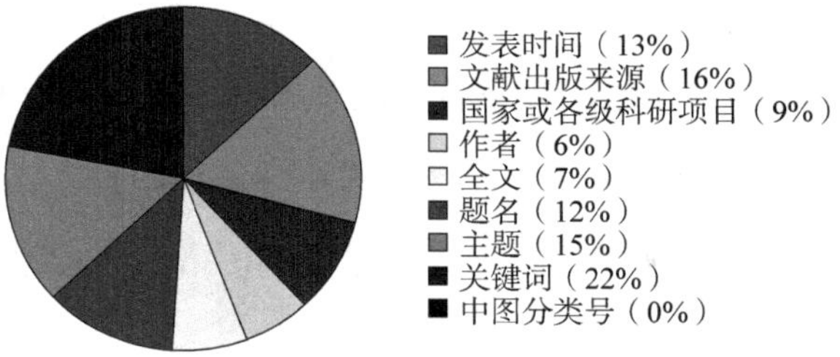

图 1　北京印刷学院师生使用中国知网的检索方式统计

（二）浏览方式

从后台数据采集可以看出，读者在使用中国知网时的浏览方式有两种：细览和知网节。细览是指读者在检索到文章后直接下载，或是浏览文章基本信息看是否符合需要再进行下载。知网节是知识网络节点的简称，以一篇文献作为其节点文献可以链接到相关文献进而进行下载。

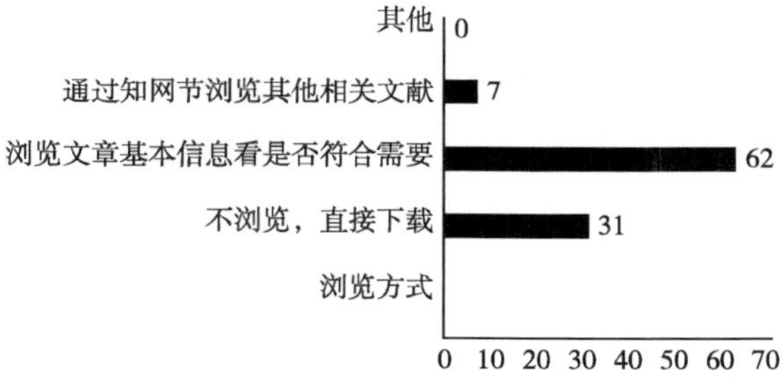

图 2　北京印刷学院师生使用中国知网资源的浏览方式统计

从图 2 可以看出，大部分读者以细览的方式使用中国知网资源，只有很少一部分读者会使用知网节，说明北京印刷学院师生对知网节了解不多，抑或是知网节所提供的内容与读者所需有一定距离。

（三）下载方式

中国知网提供的文件下载格式有两种：PDF 和 CAJ，读者进行阅读时必须安装其中一种浏览器。CAJ 是中国知网自主开发的专用浏览器，需要下载安装才能阅读此类格式的文献；PDF 文件为一般 PC 机都可阅读的格式。因此，就 2012 年的下载情况来看，PDF 的下载量是 CAJ 的 2.3 倍，这与受访用户的调查结论相吻合（受访用户 80% 选择 PDF 下载方式）。这说明在数字化阅读领域，软件的兼容性很重要，中国知网继 CAJ 后推出的 PDF 格式在一定程度上增强了读者使用和阅读的便利性。

对于博硕论文库来说，知网提供分页下载、分章节下载、整本下载、在线阅读等多种方式，读者可以根据自己的情况随意选择。从数据统计来看，用户大都采用整本下载的方式，分别是分页下载的 44 倍、分章节下载的 35 倍、在线阅读的 10. 5 倍。这可能是因为用户对这些功能不十分熟悉，并且包库用户在不了解下载内容的情况下，因不用考虑下载成本而选择全部下载，而后再挑选有用内容。

（四）使用规律

读者使用数据库的习惯和规律不仅受个人的兴趣、爱好、上网条件等的影响，还受数据库的使用方法、技巧等的熟练程度的影响。

从图 3 可以看出，读者在八月的暑假期间对于中国知网的使用率最低，而在 5 月的使用率最高，其他使用率较高的月份分别是 3 月、4 月、6 月。3 月、4 月是高校教师申报课题的高峰阶段，也是应届毕业生进行开题答辩的准备阶段；5 月、6 月是学生完成各类作业的阶段，也是毕业生论文写作和准备答辩的阶段。因此，3—6 月成为数据库的使用高峰。高校的教学、科研运行规律和高校师生专业学习的需求导致了数据库在使用上呈现出高峰和低谷。

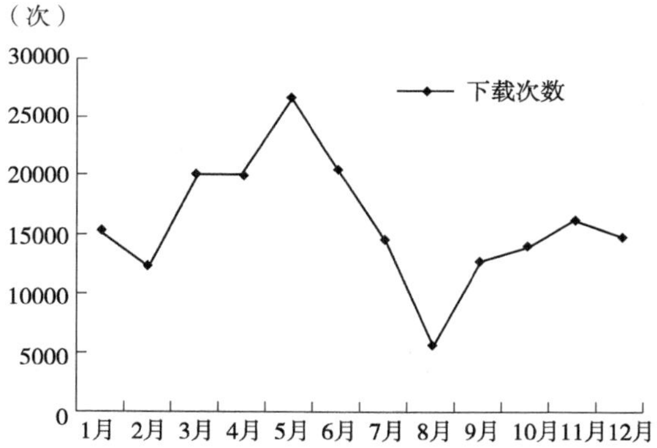

图 3　2012 年各月份下载数据统计

三、北京印刷学院师生中国知网数字内容资源使用情况分析

（一）文章下载情况分析

从 2012 年的总体情况来看，文章的下载和阅读情况并不集中，下载次数总量达到 29340 次，同一篇文章下载次数多集中在 1~3 次，总共有 24205 次记录；而下载次数在 10 次以上的（包含 10 次）仅有 10 篇；文章下载体现出十分分散的特点。结合 2011 年的数据分析还发现，理工科文章的下载次数明显高于文科，这与学校的学科规划、专业设置、师资队伍等情况密切相关。

表 2　2012 年北京印刷学院师生中国知网下载次数在 10 次以上的文章

序号	文章名称	刊物	出版时间	下载次数（次）	文章主题
1	一种实用凸轮连杆机构运动分析的方法	机械科学与技术	2003 年 7 月	15	机械
2	重视技术编辑在出版工作中的作用	编辑学刊	1994 年 2 月	13	出版
3	从美国汉语课堂教学的特点看其对国内对外汉语教学的启示	青年文学家	2011 年 6 月	13	教育教学
4	卷筒纸印刷机气动张力控制研究	液压与气动	2008 年 1 月	13	印刷
5	资本市场能否持续给力电纸书？——浅析数字出版进程中汉王的资本运作策略	现代出版	2011 年 11 月	11	数字出版

续表

序号	文章名称	刊物	出版时间	下载次数（次）	文章主题
6	压电喷墨印刷中液滴形成过程的数值模拟	中国印刷与包装研究	2010 年 11 月	10	印刷
7	中国出版业“走出去”研究	南京大学博士论文	2011 年 6 月	10	出版
8	中国数字出版产业发展模式研究	北京邮电大学硕士论文	2010 年 1 月	10	数字出版
9	盗版不除，国无宁日——我国目前盗版出版物的情况调查	百科知识	2000 年 5 月	10	出版
10	电纸书：盛大文学的蓝海，汉王们的死海	销售与市场（渠道版）	2010 年 5 月	10	数字出版

从表 2 可以看出，文章主题主要集中在印刷和出版这两个领域，这与出版与印刷是北京印刷学院的两大主要专业领域紧密相关，而且从学科范畴来看，出版大于印刷。对于出版的关注，用户的视线大都集中在数字出版领域，这说明在数字化的大背景下，学校师生对于行业的关注具有前沿性。这种数字化阅读集中在某几个学科的特点在专业特色较强的学校应该比在综合性的高校更为明显。

（二）期刊使用情况分析

通过数据统计，北京印刷学院师生使用知网数据库的期刊有 6637 种，使用量最少的是 1 次，使用最多是 6619 次《中国出版》。按照期刊使用的频次进行分类，可以看出这些期刊的使用情况，见表 3。

表 3　2012 年北京印刷学院师生知网下载期刊按频次分类情况

期刊下载频次	期刊数量占总量比（%）	下载数量占总量比（%）
1 次	15.58	0.56
2~10 次	45.67	8.05
11~100 次	35.48	37.99
101~999 次	2.95	24.66
1000 次以上	0.32	28.74

从各个频次的期刊数量占总量比和下载数量占总量比可以看出，下载频次低于 10 次的期刊占到总量的 60% 以上，但其下载量不到 10%；而下载频次在 100 次以上的期刊数量只有 3.27%，其下载量占到 53.40%。可见，用户使用期刊的种类十分分散，但具体内容又相对集中。

其中，下载频次在 1000 次以上的期刊共 21 种，含出版类期刊 12 种，印刷包装类期刊 8 种（另一种为《北京印刷学院学报》，涵盖出版与印刷这两个方向）。这 21 种期刊的下载量占到总量的 28.74%，出版类期刊的下载量是印刷包装类的 2.2 倍。这些期刊依次是《中国出版》《科技与出版》《出版广角》《出版参考》《装饰》《包装工程》《编辑之友》《出版发行研究》《印刷技术》《中国图书评论》《中国编辑》《今日印刷》《北京印刷学院学报》《新疆新闻出版》《印刷杂志》《出版科学》《编辑学刊》《大学出版》《中国印刷与包装研究》《印刷世界》《印刷质量与标准化》。上述期刊涵盖了出版和印刷类的主要核心及权威期刊，这些刊物的前沿性、权威性成为学界、业界获取信息的重要来源，也是师生了解行业发展及其成果发布的主要平台。

四、促进专业期刊数据库使用的建议

（一）增强使用的便利程度

随着阅读终端和移动网络的发展，读者越来越多地选择了移动阅读。目前，专业期刊数据库使用不便的一个主要因素是访问权限的限制，包库用户只能在 IP 地址范围内使用，当移动着的读者频频因为访问权限问题而受限，那么读者便会转向其他途径获取资料。因此，如何使校外访问变得便利是吸引读者使用的关键问题之一。在数据库的访问过程中，读者还经常碰到无法登录或网速太慢等问题，图书馆的技术部门和数据库提供商应从网络和信息技术等方面保障数据库使用的畅通和便利。

（二）资源整合，实现统一检索

高校图书馆数字资源类型多样，结构复杂，数据库之间缺少链接，不能实现跨类型资源检索。各类数据库收录的资源也存在一定的重复性，这使读者依赖于一个常用的数据库，而不再使用其他数据库，导致数字资源的闲置和浪费。数字资源重复、交叉建设，严重影响了用户对信息的选择与获取。为提高利用率，可考虑搭建一个统一的检索界面，对本校的数字资源实现“一站式”检索，这样既能方便读者，又能提升数据库的利用率。

（三）加强宣传，提高用户知晓程度

从前文知网节的使用情况可以看出，用户对数据库的了解程度不够，这种情况也从问卷调查结果得到印证，63% 的读者表示对图书馆数字资源了解程度一般。可见，图书馆和数据库提供商的宣传和培训力度不够，在一定程度上影响了数据库的利用率。

专业期刊数据库的售卖对象是图书馆工作人员，但数据库的使用对象是高校师生，因此，期刊数据库应与高校图书馆管理人员一同研究策略，向高校师生宣传数据库的特点及使用技巧，以提高其使用率，而不是将数据库售卖之后便完成任务。

（四）根据用户需求推送内容

从前文的分析中可以看出，高校的学科分布、专业及课程设置是影响高校师生进行专业类期刊数字化阅读的重要因素，是阅读的主要动因。相比较于学科综合性较强的高校，专业特色明显的高校在使用期刊全文数据库时帕累托效应更为明显，即 20% 左右的期刊提供了 80% 的下载量。可见，高校用户在使用专业期刊数据库时在期刊上有着较强的集中度。因此，高校可以根据自身的需求与数据库提供商共同开发所需内容，而不是购买全部数据库但大部分资源闲置。数据库提供商也应加强与用户的沟通，对已有数字资源多重开发，向其推送更有价值的内容。

（五）关注数据库后台数据，作为采购和开发参考

数据库的高校用户都是包库用户，即采买之后使用多少不受限制，因此，也很少有人关注数据库的使用情况。以北京印刷学院为例，中文数据库使用率较高的是中国知网和万方数据，使用率较低的是道琼斯财经资讯、新华社专供信息、全国文化信息共享工程和大学生就业能力提升网络课程资源库。外文数据库读者使用率较高的是 SCI 和国家科技图书文献中心（NSTL），使用率较低的是 ACM 和 WilsonArt Full Text。花大价钱购买而来的数据库并不一定符合用户的需求。从高校角度来看，应关注后台数据，可考虑将其作为采买依据；从数据库提供商角度来看，关注后台数据可以作为其开发数据库的参考。

参考文献

[1] 曹红杰 . 浅议如何提高高校图书馆数字资源的利用率 [J]. 中国西部科技，2011（26）.

[2] 邓佩珍 . 基于新生代读者阅读特点的高校图书馆信息服务策略研究 [J]. 图书馆论坛，2010（4）.

[3] 丁玉东，张春峰 . 期刊全文数据库中的帕累托效应及其对图书馆资源建设的影响 [J]. 图书馆建设，2012（1）.

[4] 李铁梅 . 大阅读环境下高校学生阅读行为调查及图书馆对策 [J]. 图书馆学研究：应用版，2011（4）.

（责任编辑：王冬冬）

附录三：北京印刷学院师生大众类期刊数字化阅读分析[1]

——以龙源电子期刊阅览室访问数据为例

包韫慧

（北京印刷学院新闻出版学院，北京 102600）

摘要：本文以北京印刷学院访问龙源电子期刊阅览室的后台数据作为研究依据，以大众类期刊的数字化阅读为研究背景，分析了高校师生通过数据库进行数字化阅读的特征，总结了影响其数字化阅读的因素及启示。

关键词：高校师生；数字化阅读；龙源期刊

中图分类号：G25

文献标志码：A

文章编号：1004-8626（2013）01-0042-03

---

[1] 收稿日期：2012-12-24

基金项目：北京印刷学院校级重点项目“基于期刊数据库的数字化阅读研究”（E-a-2012-07）成果之一。

Research on Digital Reading Popular Journals by BIGC Teachers and Students

——Beijing Institute of Graphic Communication Electronic Periodicals Reading Room Longyuan Data as An Example

BAO Yunhui

(Beijing Institute of Graphic Communication, Beijing 102600, China)

Abstract: The access of electronic periodicals reading room Longyuan of BIGC's data as the research basis, in digital reading popular journals as the research background, this thesis analyzes the characteristics of college teachers and students for digital reading through databases, summarizes the factors that influence the digital reading and its enlightenment.

Key words: college teachers and students; digital reading; Longyuan Journal

随着网络的不断普及和期刊数字化大潮的不断推进，期刊数据库提供的数字内容已逐渐成为读者阅读、获取知识的途径之一。本研究采集了北京印刷学院访问龙源电子期刊阅览室 2009—2011 年的数据，作为研究高校机构用户进行大众类期刊数字化阅读的依据，并针对这部分用户围绕阅读需求、阅读特点、阅读影响因素等方面开展问卷调查，共发放问卷 105 份，回收问卷 105 份，其中有效问卷 100 份。

一、访问情况分析

（一）访问总量低

通过对 2009—2011 年的后台数据进行分析发现，北京印刷学院师生的阅读总量很低（见表 1）。数据中的“点击数据”是直接采集的后台数据，包含了因网络中断而重新登录的情况;“阅读数据”为数据清洗之后的实际阅读数据。北京印刷学院师生总数 8000 人左右，这意味着平均每人每年通过龙源进行阅读在 1 次左右。

表 1　2009—2011 年访问数据情况（次）

年份	2009 年	2010 年	2011 年
点击数据	10374	20376	9794
阅读数据	7329	11448	7162

（二）访问时间峰值较明显

虽然每月的访问量不大，均不超过2000，但也存在高峰和低谷。从表2看，每年的高峰不一样，主要是3月、4月、7月、8月和11月。这一时间体现的特点是学期初和期末考试后，从一个侧面反映出读者的大众休闲阅读均在学业和工作不甚繁重的时候。

表2　2009—2011年每月数字阅读量（次）

月份	2009年	2010年	2011年
1	599	168	321
2	276	—	262
3	490	1744	502
4	614	838	1381
5	530	1176	995
6	833	254	645
7	950	166	509
8	284	346	1080
9	266	243	312
10	436	214	294
11	1801	135	467
12	250	219	394

（三）阅读以文本版为主

北京印刷学院龙源电子期刊阅览室提供文本版、原貌版、专题版和智能语音版 4 种版本的期刊。在受访读者中，37% 的读者进行文本版阅读，这与其他读者通过龙源期刊网阅读的情况一致，说明读者进行网络阅读已经习惯网页的形式，再者文本版可以进行复制，方便读者留存信息。23% 的读者进行原貌版阅读，主要是因为阅读的内容属于图文并茂型，色彩丰富，原版原式，更能展现原文内容。此外，专题版和智能语音版的阅读只占 10% 和 1%，并非阅读版本的主流。

（四）检索路径以刊名为主

读者访问阅览室的主要途径有 4 种：标题、刊名、全文检索或者直接选择首页推荐。在受访读者中，44% 的读者是通过刊名检索进行阅读，说明读者通过阅览室进行的数字化阅读目标明确，也说明期刊的品牌是影响读者进行数字化阅读的重要因素之一。通过标题和全文检索的分别占 16% 和 6%，说明读者对具体篇章进行阅读的针对性不强。通过阅览室首页推荐进行阅读的也只占 6%，这表明推荐的内容与读者所需有较大差别。如以单本期刊进行推荐的教育教学类期刊为例，其在首页推荐的内容几乎是面向中小学师生的，而按年龄段进行推荐的期刊分类为“学前阅读、小学阅读、初中阅读、高中阅读和综合阅读”，可见北京印刷学院师生并不是这些推荐的目标读者群。这也说明，龙源在进行内容推送的时候并没有进行充分的受众分析，而是站在自身的位置上，向读者推送了其认为实用的内容，或对推荐内容的选择是一次处理多次使用，并未针对读者群进行个性化调整。

二、阅读内容分析

（一）文章阅读集中度低

大众内容阅读本就是根据个人兴趣爱好进行的阅读，不像专业阅读跟师生的专业和研究等密切相关。因此，从阅读篇章来看，这 3 年师生的阅读十分分散，同一篇文章的最高阅读量仅为 33 次，阅读次数超过 10 次的文章仅有 34 篇，而阅读 1 次的文章有 23143 篇，占了总量的 85%。

（二）期刊阅读集中在教育教学、时政新闻等类别

为了解读者的阅读特点，本书对访问前 50 名的期刊阅读内容进行了汇总，发现北京印刷学院师生的访问主要集中在 4 类期刊上，分别是教育教学、时政新闻、科技科普与管理财经，如表 3 所示。

表 3　2009—2011 年 TOP50 期刊按类别阅读次数汇总（次）

类别	阅读次数
教育教学	2465
时政新闻	2113
科技科普	2092
管理财经	1747
文学文摘	935
经济法律	899

续表

类别	阅读次数
健康生活	543
文化艺术	244
社科历史	130

作为高校用户，关注教育教学内容实属当然，对时政类和管理财经类（如《新周刊》《南方人物周刊》《中国新闻周刊》《中国经济信息》《中国经济周刊》）的关注说明师生对社会的热点和发展也颇为关注。而较多地阅读科技科普却较少地阅读文化艺术和社科历史，这从一个侧面反映出读者的大众化阅读虽是受个人兴趣爱好影响较多，但也不排除专业影响。比如对科技科普内容的关注就与北京印刷学院师生的构成有很大关系，理工科的师生在学校占有数量上的优势。

读者对社科类内容虽关注不多，但单单对其中的文学小说颇为青睐，如《海燕》《人民文学》《北京文学》等的阅读量较大。这体现出期刊的品牌效应在网络上取得了延伸，影响了读者的阅读选择。此外，分析发现部分小众类期刊也很受欢迎，如《电影评介》《文史精华》《轻兵器》等，这反映出传统渠道传播具有大众化的特点，而网络传播能实现小众化，期刊的网络传播兼具传统期刊传播与网络传播的双重特点，使其不再分庭而立，而是相互融合，各取所需。

三、阅读影响因素分析

（一）期刊品牌

阅读数据和调查问卷共同反映出，读者在进行阅读的时候比较关注传统期刊已经形成的品牌。期刊的内容是读者阅读的主要因素，而品牌则在一定程度上保证了优质的内容和读者的忠实。这在数字阅读领域同样是主要因素之一。

（二）个人兴趣爱好

大众阅读与专业阅读的最大区别在于受专业、课程的影响较小，体现了较为明显的以个人兴趣爱好为动因的主动性阅读。在受访的师生中有 38% 的人把个人兴趣作为选择内容的首要因素。从阅读内容分散又略有集中的情况来看，《青年文摘》《故事会》《当代》《十月》等期刊都保持着较高的阅读量，反映了读者欣赏美文、休闲放松的阅读特点；而对时政类刊物及文章的高阅读量则体现了读者把握时代脉搏，即时获取信息的阅读需求。此外，读者对生活类文章的关注也体现了读者的爱好，如《家庭生活指南》。又如 TOP50 文章里有 8 篇是生活类文章，因为它们的内容切合生活实际，有较强的实用性。

无论是愉悦身心，还是养生保健，或是掌握最新社会动态，读者都是以满足自身的兴趣爱好来选择阅读的具体内容。

（三）页面设计与功能

在受访对象中，51% 的读者会因页面设计及功能的影响选择内容。页面的框架、颜色、功能、排版、表现形式等都给读者是否进行阅读及选择何种内容带来影响。页面简洁、清晰，检索快速、便捷，是读者迅速找到所需内容的关键。如果读者因为页面不实用而找不到内容，很快就会结束本次访问，进而可能不再进行访问。

（四）宣传力度及访问权限

与中国知网的高访问量和下载量相比，龙源电子期刊阅览室则少有问津。而 38% 的受访者表示对龙源根本不了解，89% 的读者认为网络与校外访问受限是限制其阅读的主因。这说明，在高校专业类阅读占主要位置，而大众类阅读因为不局限于 PC 机这一终端，可以通过手机、平板电脑等多种终端进行，具有较强的移动性，所以受 IP 地址访问限制也是导致其使用率很低的重要原因。

四、研究启示

（一）注重期刊品牌的网络延伸

龙源电子期刊阅览室的内容均来自纸质期刊，纸刊的品牌直接影响其在网络上的传播情况。在受访用户中，61% 的读者因期刊品牌而选择阅读。因此，无论是期刊本身还是期刊数据库都应注重期刊品牌的宣传和网络延伸。如可通过树立纸刊品牌，扩大品牌影响力，注重网络推广和内容的精加工等手段，提升期刊在网络上的传播力度和范围，在纸刊读者向网络转移的同时吸引新读者。

（二）加强数据库的后台建设，研究后台数据

在研究过程中，笔者的研究数据主要是通过对阅览室的后台取得，在采集、清洗数据过程中，笔者多次跟有关技术人员沟通，但对于数据的形成及分析，均没有给出特别的意见。数字化阅读的优势之一便是可以记录读者的阅读情况，对受众行为进行分析。但以目前本书接触到的情况来看，数据库后台功能较为薄弱（如对不同版本的访问记录不全面），相关概念界定不清（如龙源并未提供下载阅读，但有一项“下载次数”的统计）等不足。此外，对后台数据关注不够，龙源电子期刊阅览室的高校图书馆用户均为包库用户，购买后的使用情况双方均不关注。如果图书馆通过后台数据的观察和研究将其作为数据库采买的依据，那么数据库提供商将迫于不被采买的压力而更注重自身建设，为用户提供更为优质的内容。

（三）加强宣传，推送所需内容

高校图书馆采买期刊数据库的主要原因是能为师生提供内容，满足阅读需求。但就目前北京印刷学院师生使用龙源的情况来看，该阅览室并不是师生进

行大众类期刊数字化阅读的主要途径。主要原因有以下两点：一是读者对阅览室不了解;二是阅览室推送的内容并非读者所需,未能吸引读者进行阅读。因此，为提升阅览室的使用率，应加大宣传力度，并根据不同类型的用户向其推送不同的内容。此外，如能在访问权限上多为读者考虑，比如满足多种移动阅读终端的访问，这样将能大大提升数据库的使用，将是数据库、期刊社、高校和读者的多赢。

参考文献

[1] 陈丹，辛晓磊 . 基于龙源期刊网的数字期刊阅读差异化分析 [J]. 图书与情报，2012（2）：10-17.

[2] 李云江 . 高校图书馆期刊数据库的评价与采购 [J]. 长春师范学院学报，2012（6）：166-169.

[3] 穆广菊 . 数字期刊阅读现状及趋势——以龙源 2011 期刊数字阅读 TOP100 数据为实证 [J]. 图书与情报，2012（2）：1-6.

（责任编辑：王冬冬）